同济大学本科教材出版基金资助

交通信息传输原理及技术
实验指导书

欧冬秀　陈　杰　张　雷　主编
钟章队　审核

同濟大學出版社
TONGJI UNIVERSITY PRESS
2022年·上海

内容简介

本书为交通信息传输原理及技术课程的配套实验教程，实验均为验证性、设计性和综合性相结合的多层次实验类型。本书主要内容包括信息传输原理仿真实验与智能交通系统通信网络设计、组网及测试两大部分。全书共分7章，主要包括信息与信息系统、信源及信道编码、数字信息传输、无线信道分析与传输衰减分析、智能交通系统通信网络设计、智能交通系统通信网络组网、智能交通系统通信网络测试分析。更多实验信息可扫描书中二维码查看。

本书可作为高等院校交通运输类专业信息传输原理、交通信息技术课程的课内实验用书，也可作为单开实验课程的实验指导书。不同学校可根据自身实验室设备情况及课程要求选择实验工具并酌情开设实验项目。

图书在版编目(CIP)数据

交通信息传输原理及技术实验指导书 / 欧冬秀，陈杰，张雷主编. -- 上海：同济大学出版社，2022.3
ISBN 978-7-5765-0163-6

Ⅰ.①交… Ⅱ.①欧… ②陈… ③张… Ⅲ.①交通信息系统—信息传输—实验—高等学校—教学参考资料 Ⅳ.①U495-33

中国版本图书馆CIP数据核字(2022)第037706号

交通信息传输原理及技术实验指导书

欧冬秀　陈　杰　张　雷　**主编**

钟章队　**审核**

责任编辑　吴世强　李　杰　　**责任校对**　徐春莲　　**封面设计**　陈益平

出版发行　同济大学出版社　　www.tongjipress.com.cn
（地址：上海市四平路1239号　邮编：200092　电话：021-65985622）

经　　销　全国各地新华书店

制　　作　南京月叶图文制作有限公司

印　　刷　常熟市华顺印刷有限公司

开　　本　787 mm×1092 mm　1/16

印　　张　10

字　　数　250 000

版　　次　2022年3月第1版　2022年3月第1次印刷

书　　号　ISBN 978-7-5765-0163-6

定　　价　45.00元

前　言

在智能交通运输系统中，传输层是所有应用子信息系统的核心，它不仅肩负着使海量信息有效准确、安全可靠地有序流动和传递的任务，而且在一定程度上决定了信息系统的服务质量和应用价值。信息传输技术是信息技术中发展最快和应用最广泛的技术之一，特别是交通运输系统步入智能化时代之后，更离不开对信息传输技术的研究和开发应用。

要熟练掌握交通信息传输的原理和技术，一方面，要深入学习信息传输原理；另一方面，要掌握交通信息传输网的设计、组网和测试方法，为不同智能交通子系统的应用提供高质量的传输保障。信息传输原理建立在信息论、信号与系统等基础理论之上，理论性强，学生学习过程中需要通过实验来夯实对知识的理解；交通信息传输网应用型实验强调不同交通场景下有线、无线传输系统的需求分析、组网规划、工程设计和测试分析。本书共分为两篇。

第一篇是信息传输原理仿真实验，分为 4 章，包括 15 个实验。

第一章是信息与信息系统。本章旨在更深入地解析信源信号和信道的物理特征、信息论关于信息的属性和度量方法、信息量和信息熵的计算，利用 MATLAB 仿真工具计算分析各物理参数特征。同时，基于 Simulink 仿真工具，建立简单的信息传输系统模型。

第二章是信源及信道编码。信源编码着重关注模拟信号数字化和语音压缩编码，通过综合实验帮助学生熟悉并掌握编码原理和过程，重点是定量化分析编码误差。本章的信道编译码方法重点关注线性分组码和用得较多的循环码，通过实验，学生可以一方面熟悉编码和译码方法，另一方面提高通过定量化对比分析线性分组码和循环码的检错能力。

第三章是数字信息传输。本章包括数字基带传输和数字频带传输。首先，分析了基带数字信号码型特征和噪声、信道带宽、信道传递函数对传输性能的影响，并通过实验利用眼图直观地观察信号传输效果。同时，结合基带传输串口通信的应用需求，在了解其基带码型的基础上，实现上、下位机之间的信息传输。其次，解析数字频带传输（调制），即逻辑 0，1 数字信号如何调制到限定的任何频率上进行高效率传输，主要以轨道交通中应答器频移键控（Frequency-Shift Keying，FSK）车地传输、公众移动通信系统为例。利用 MATLAB 中 Simulink 强大的功能模块，搭建与实际系统一致的仿真虚拟系统。要求学生举一反三，拓展推广到其他面向应用的信息传输系统建模和仿真，模拟其传输过程，对比分析其传输性能，实现系统优化。

第四章是无线信道分析与传输衰减分析。通过实验理解电磁波辐射原理和传播过程，利用 MATLAB 强大的计算绘图功能定量化分析电场的空间可视化分布。同时，运用 Wireless Insite 软件进行不同复杂交通场景的无线传播特性分析和建模，便于对无线系统进行部署和优化。

第二篇是智能交通系统通信网络，分为 3 章，包括 8 个实验。

第五章是智能交通系统通信网络设计。本章包括交通枢纽 WLAN 无线通信系统设计和道路交通视频监控系统有线通信网络设计。规范完整的有线、无线交通信息传输系统设计，使学生熟悉工程设计流程、规范要求、内容要求和深度要求，有助于培养、提升学生的工程研究、设计能力。

第六章是智能交通系统通信网络组网。本章包括计算机网络组网及虚拟局域网 VLAN 划分与配置实验、计算机网络组网及静态路由实验、计算机网络组网及动态路由实验。通过实验，学生可以熟悉计算机网络工作原理，掌握组网设计和相关协议配置的流程、方法。

第七章是智能交通系统通信网络测试分析。本章包括 TCP/IP 网络协议分析实验、交通信息通信网宽带接入及业务质量测试分析实验、智能交通系统中 WLAN 无线通信网 QoS 测试分析实验。通过本章的实验，学生可以加深对通信系统服务质量的理解，掌握网络优化分析方法，巩固交通信息传输原理的相关理论知识。

为方便读者以实验为单元查找图/表，本书各实验中的图/表以“章序号-实验序号.图/表序号”的格式编号，第 5—7 章非实验部分的图以“章序号.图序号”的格式编号。

编者

2021 年 8 月

目　　录

第一篇

信息传输原理仿真实验

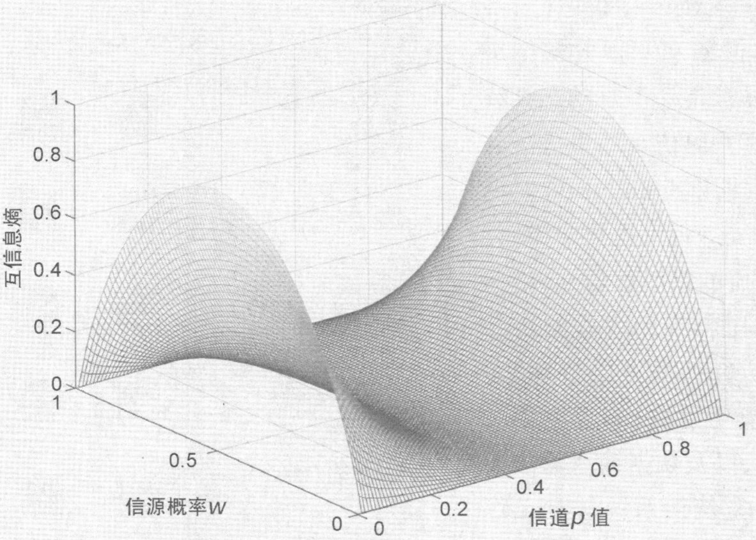

第一章
信息与信息系统

实验一　信号、信道及噪声特征分析

一、实验目的

(1) 学习使用示波器查看信号波形。
(2) 学习使用频谱仪观察分析语音信号的频谱特性。
(3) 深入理解信号的时域、频域特征参数以及信号时域及频域的观测方法。
(4) 了解信道带宽的概念及带宽参数对信号波形的影响。
(5) 了解信道高斯白噪声对模拟信号、数字信号波形的影响。
(6) 了解 MATLAB 的 Simulink 工具箱的模块库类型。

二、实验设备

MATLAB 仿真软件及 Simulink 工具箱。

三、实验设备：Simulink 工具箱

Simulink 是 MATLAB 中的一个建立系统方框图和基于方框图级的系统仿真环境，是一个对动态系统进行建模、仿真并对仿真结果进行分析的软件包。使用 Simulink 可以更加方便地对系统进行可视化建模，并进行基于时间流的系统级仿真，将仿真系统建模与工程中的方框图统一起来。同时，仿真结果可以近乎“实时”地通过可视化模块（如示波器模块、频谱仪模块以及数据输入输出模块等）显示出来，使得系统仿真工作更为直观（图 1-1.1）。

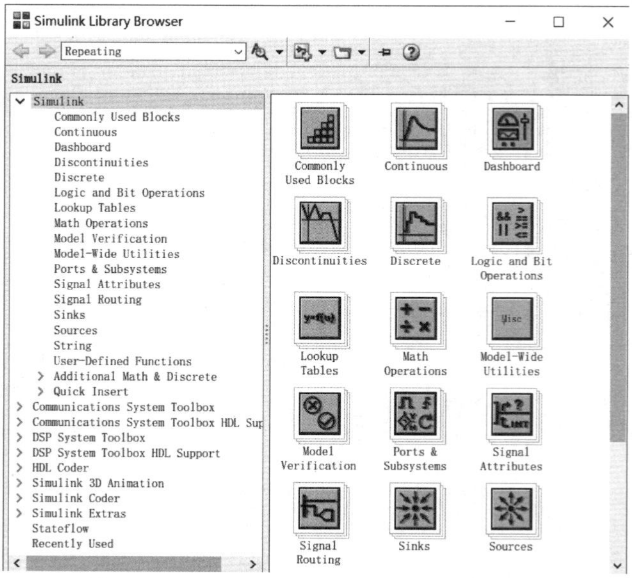

图 1-1.1　MATLAB 的 Simulink 模块库浏览

1. 信号源模块库(Sources)

信号源模块库各模块及功能如图 1-1.2 所示。

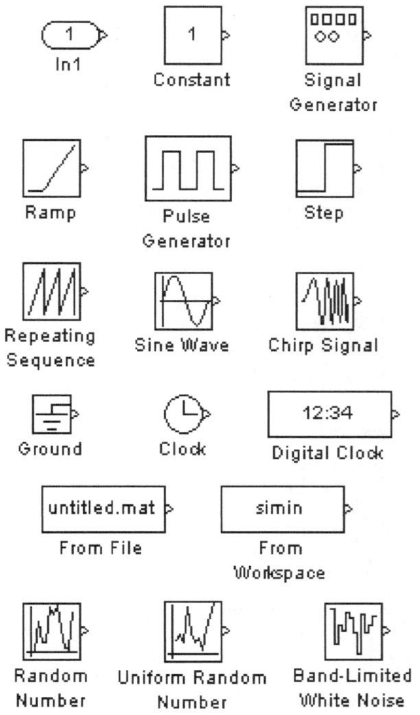

模块名	说明
In1	输入信号
Constant	产生一个常数值信号
Signal Generator	信号发生器，可产生正弦波、右波、锯齿波等
Ramp	产生"斜坡"信号
Pulse Generator	产生脉冲信号
Step	产生一个阶跃信号
Repeating Sequence	产生非正弦周期序列信号
Sine Wave	正弦波信号
Chirp Signal	产生一个频率不断增大的正弦波
Ground	连接到尚未连接的输入端
Clock	显示和提供仿真时间
Digital Clock	产生数字采样时间信号
From File	从文件读取数据
From Workspace	从MATLAB工作空间读取数据
Random Number	产生正态分布的随机信号
Uniform Random Number	产生均匀分布的随机信号
Band-Limited White Noise	带限白噪声

图 1-1.2　信号源模块库功能说明

2. 接收器(输出显示)模块库(Sinks)

接收器(输出显示)模块库各模块功能如表 1-1.1 所列。

表 1-1.1　接收器(输出显示)模块库功能说明

模块名	说明
Out1	输出信号
To File	将输出数据写入数据文件进行保存
To Workspace	它不直接显示输出波形，能自动将输出数据输出到 MATLAB 命令窗口里，并用变量保存在工作空间，可再用绘图命令在 MATLAB 命令窗口里绘制图形
Scope	示波器，直接显示信号的波形
Floating Scope	浮动观察器
XY Graph	MATLAB 图形窗口显示信号的二维图
Display	数字显示器，显示输入信号的值
Spectrum Analyzer	频谱分析仪

3. 通信系统工具库(Communications System Toolbox)

该工具库包括信道模块、滤波器、信源、信宿、均衡器、纠检错、交织、多输入多输出、调制等模块(图 1-1.3)。

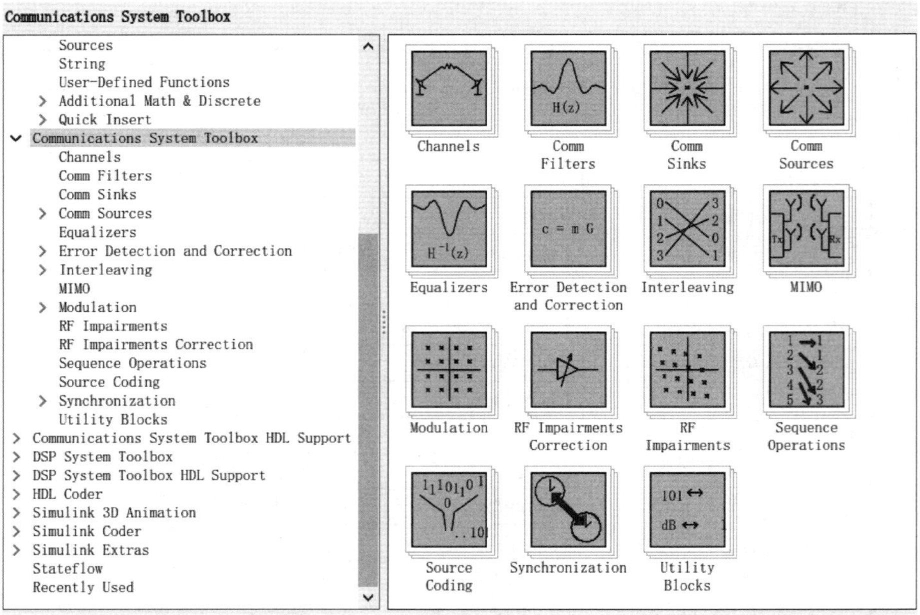

图 1-1.3　通信系统工具库

四、实验原理：信号、信道及噪声特征

1. 信号

1）模拟信号

模拟信号是指用连续变化的物理量表达的信息，如温度、湿度、压力、长度、电流、电压等，通常又把模拟信号称为连续信号，它在一定的时间范围内可以有无限多个不同的取值。

模拟信号有确知信号，也有随机信号。确知信号是能以确定的时间函数表示的信号，在定义域内任意时刻都有确定的函数值，如电路中的正弦信号和各种形状的周期信号。随机信号不能用精确的数学关系式来描述，不能预测其未来任何时刻的准确值；但随机信号具有统计规律性，可用概率统计方法来描述，如半导体载流子随机运动所产生的噪声、雷达信号等。

信号频谱是指对信号进行傅里叶变换后得到的频域信号。

$$s(t)=\int_{-\infty}^{\infty} S(f)\mathrm{e}^{\mathrm{j}2\pi ft}\mathrm{d}f \quad (\mathrm{V}) \tag{1-1.1}$$

$$S(f)=\int_{-\infty}^{\infty} s(t)\mathrm{e}^{-\mathrm{j}2\pi ft}\mathrm{d}t \quad (\mathrm{V/Hz}) \tag{1-1.2}$$

信号能量无穷大，能量谱密度不存在，信号功率谱密度存在，可通过截短信号的方式推导获得。信号功率谱密度表示每赫兹的功率，量纲为 W/Hz。

$$s(t)\text{ 信号的截短信号 } s_T(t)=\begin{cases} s(t), & |t|<\dfrac{T}{2} \\ 0, & \text{其他} \end{cases} \tag{1-1.3}$$

$$s_T(t)\text{ 信号能量 } E_T=\int_{-\frac{T}{2}}^{\frac{T}{2}} s_T^2(t)\mathrm{d}t=\int_{-\infty}^{+\infty} |S_T(f)|^2\mathrm{d}f \tag{1-1.4}$$

$$s_T(t)\text{ 信号功率 } P_T=\frac{1}{T}\int_{-\frac{T}{2}}^{\frac{T}{2}} s_T^2(t)\mathrm{d}t=\frac{1}{T}\int_{-\infty}^{+\infty} |S_T(f)|^2\mathrm{d}f \tag{1-1.5}$$

$$s(t)\text{ 信号功率 } P=\lim_{T\to\infty}P_T=\lim_{T\to\infty}\frac{1}{T}\int_{-\frac{T}{2}}^{\frac{T}{2}} |S_T(f)|^2\mathrm{d}f=\int_{-\infty}^{+\infty} P(f)\mathrm{d}f \tag{1-1.6}$$

$$s(t)\text{ 信号功率谱密度 } P(f)=\lim_{T\to\infty}\frac{1}{T}|S_T(f)|^2 \tag{1-1.7}$$

2）数字信号

数字信号是指用一组特殊的状态来描述信号，典型的就是用当前最为常见的二进制数字来表示的信号，之所以采用二进制数字表示信号，其根本原因是电路只有两种状态，即通与断。在实际的数字信号传输中，通常是将一定范围的信息变化归类为状态 0 或状态 1。

2. 信道定义

信道为信息传输的通道，有狭义信道和广义信道之分。狭义信道仅包括传输媒介；广义信道除了传输媒介以外，还包括其他有关电路和部件，如天线、调制器、解调器、功率放大器、滤波器等。按照所传输信息的类型，信道分连续信道和离散信道两种。

1）连续（模拟）信道

连续信道也被称为模拟信道，输入空间、输出空间均为连续事件的集合，集合中事件的数量是无限的、不可数的，即随机变量的取值数量是无限的、不可数的。输入、输出信号分别标记为随机过程 $x(t)$ 和 $y(t)$，设信道的噪声为 $n(t)$，则输出与输入和噪声有关。

$$y(t)\propto x(t),\ n(t) \tag{1-1.8}$$

2）离散（数字）信道

离散信道也被称为数字信道，输入空间、输出空间均为离散事件的集合，集合中事件的数量是有限的或者有限可数的，随机变量的取值都是离散的（图 1-1.4）。

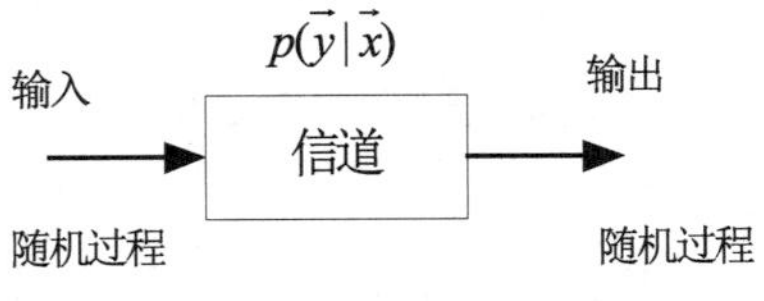

图 1-1.4　离散信道模型

设输入符号集合为 X、输出符号集合为 Y，它们各自内部不存在关联性，但集合 X 和集合 Y 之间有关联。条件转移概率用来描述信道特性，输入 $x=a_i$，输出 $y=b_j$ 对应的条件转移概率为 $p(y\mid x)=p(y=b_j\mid x=a_i)=p(b_j\mid a_i)$；信道转移矩阵用来表示信道输入、输出符号之间的条件转移关系。

$$P(Y \mid X)=\begin{bmatrix} p(b_1 \mid a_1) & p(b_2 \mid a_1) & \cdots & p(b_s \mid a_1) \\ p(b_1 \mid a_2) & p(b_2 \mid a_2) & \cdots & p(b_s \mid a_2) \\ \vdots & \vdots & & \vdots \\ p(b_1 \mid a_r) & p(b_2 \mid a_r) & \cdots & p(b_s \mid a_r) \end{bmatrix} \tag{1-1.9}$$

二进制信道是离散无记忆信道的特例，它仅使用 0，1 两种符号，其模型如图 1-1.5 所示。

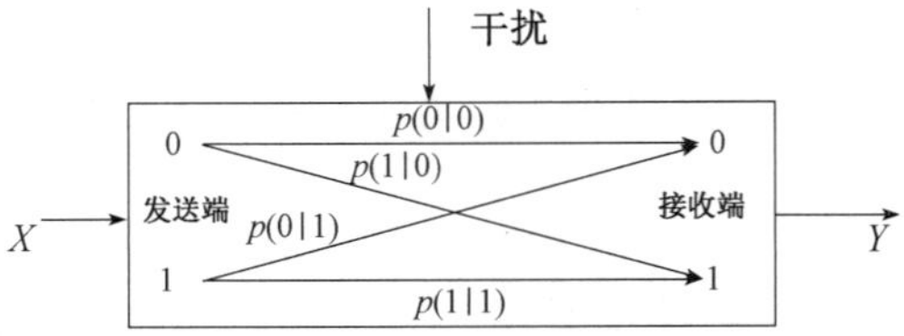

图 1-1.5　二进制信道模型

二进制对称信道（Binary Symmetric Channel，BSC）不仅输入和输出都只有 0 和 1 两种符号，并且发送 0 而接收到 1，以及发送 1 而接收到 0（即误码）的概率相同，所以被称为对称信道。此时，条件差错概率用 p 表示。二进制对称信道的转移概率为

$$\begin{aligned} &P(Y=0 \mid X=0)=1-p; \quad P(Y=0 \mid X=1)=p; \\ &P(Y=1 \mid X=0)=p; \quad P(Y=1 \mid X=1)=1-p \end{aligned} \tag{1-1.10}$$

3. 信道传递函数

信道的特性由传递函数来描述，通常用 $H(\omega)$ 来表达。根据信道特性是否变化可将信道分为恒参信道和随参信道。

恒参信道的特性（参数）不随时间变化，一般有线信道是恒参信道，如有线电缆、光纤等。恒参信道传递函数的幅频为与频率无关的常数，传递函数可表示为

$$H(\omega)=|H(\omega)| \mathrm{e}^{-\mathrm{i}\varphi(\omega)} \tag{1-1.11}$$

随参信道的特性（参数）随时间随机变化，短波电离层反射信道、移动通信信道即属于这一类别。随参信道传递函数的幅频和相频特性是频率和时间的随机函数，其传递函数可表示为

$$H(\omega)=|H(\omega, t)| \mathrm{e}^{-\mathrm{i}\varphi(\omega, t)} \tag{1-1.12}$$

1）典型信道举例

（1）理想无失真传输信道。传递函数为

$$H(\omega)=K \mathrm{e}^{-\mathrm{j}\omega t_{\mathrm{d}}} \tag{1-1.13}$$

式中，传输衰减系数 K 为常数，t_{d} 为延迟时间，都与频率无关。原有的信号波形不会发生变化，因此被称为理想无失真传输信道。

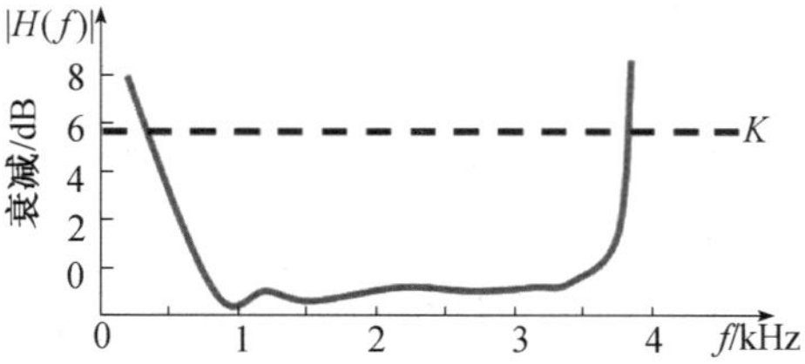

图 1-1.6　音频电话信道传递函数幅频特性

（2）音频电话信道。图 1-1.6 给出了音频电话信道的幅频衰减特性，显然，该信道的衰减是不均匀的，信号各个频率的分量在信道中传输时将产生不同的衰减。原有的信号波形将会产生变形，也称之为失真。

（3）光纤信道。光纤信道的损耗即衰减特性如

图 1-1.7 所示，不同波长(即频率)的光信号通过光纤时，其损耗是不尽相同的。随着光纤制造工艺的改进，光纤传输损耗逐步降低，已存在 5 个低损耗窗口，5 个窗口的光信号标记、波长范围、使用光纤类型和应用场合如表 1-1.2 所列。

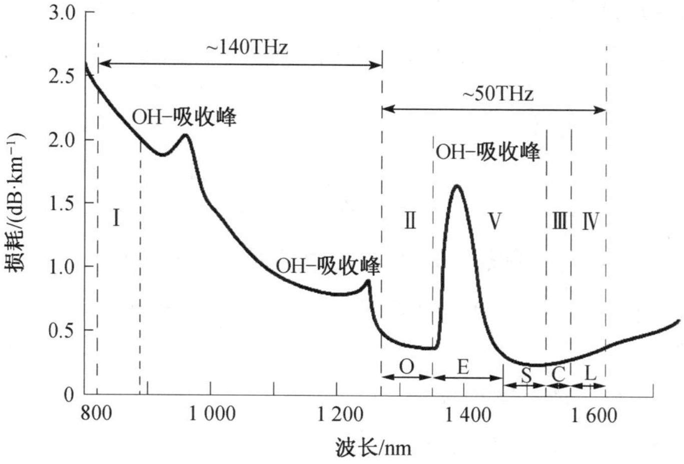

O：Original Band，原始波段；E：Extend Band，扩展波段；S：Short Band，短波段；
C：Conventional Band，常规波段；L：Long Band，长波段

图 1-1.7　光纤信道损耗频率特性

表 1-1.2　　5 个低损耗窗口

窗口	Ⅰ	Ⅱ	Ⅲ	Ⅳ	Ⅴ
标记/nm	850	1 310(O 波段)	1 550(C 波段)	1 600(L 波段)	1 360～1 530 (E+S 波段)
波长范围/nm	600～900	1 260～1 360	1 530～1 565	1 565～1 625	1 360～1 530
光纤类型	多模光纤	多模光纤/G.652/G.653	G.652/G.653/G.655	G.652/G.653/G.655	全波光纤
应用场合	短距、低速		长距、高速		

2) 信号传输过程

信号在信道中进行传输时，时域输出 $y(t)$ 与输入 $x(t)$ 和信道的传递函数 $h(t)$ 有关，可以表示为 $y(t)=x(t)*h(t)$，“$*$”表示卷积。频域输出 $Y(\omega)$ 与输入 $X(\omega)$ 和信道的传递函数 $H(\omega)$ 的关系为 $Y(\omega)=X(\omega)\cdot H(\omega)$，“·”表示乘积。

4. 信道噪声

通俗地讲，噪声就是干扰，如果不去除噪声干扰，就会造成信号失真，严重时会使通信无法正确和有效地进行。按产生原因，噪声可分为外部噪声和内部噪声。外部噪声指系统外部干扰以电磁波或经电源串进入系统内部而引起的噪声，如电气设备、天体放电现象等引起的噪声。内部噪声一般包括由光和电的基本性质引起的噪声、电器的机械运动产生的噪声、器材材料本身引起的噪声以及系统内部设备电路引起的噪声。

通常将高斯白噪声作为信道的噪声模型，这是因为通信系统中常见的热噪声近似为白

噪声。

1）加性高斯白噪声信道（Additive White Gaussian Noise，AWGN）

高斯白噪声（White Gaussian Noise）中的“高斯”指概率分布是正态函数，而“白噪声”指它的功率谱密度是均匀分布的，也就是说，功率谱密度在整个频域内是常数。高斯白噪声是分析信道加性噪声的理想模型，其概率密度为正态分布 $N(0, \sigma_n)$，方差 σ_n^2 为噪声功率。设噪声变量为 x，则其概率密度函数为

$$p(x)=\frac{1}{\sqrt{2\pi}\sigma_n}\exp\left(-\frac{x^2}{2\sigma_n^2}\right) \tag{1-1.14}$$

通信中的各类噪声，有些可以消除，有些可以避免，还有些可以减小。唯独以内部噪声为主的白噪声，无论是在时域还是在频域，总是普遍存在和不可避免的，因而成为通信中各类噪声的重点研究对象。

2）高斯序列——数字加性噪声模拟

在数字信号传输和处理中，通常用高斯序列（Gaussian Sequence）来模拟数字噪声（图 1-1.8）。

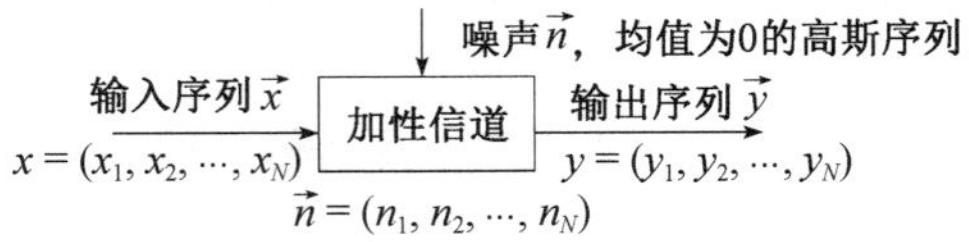

图 1-1.8　二进制信道高斯噪声模拟

对于二进制信道，输入输出只有 0，1 两种符号，对应的高斯噪声即为高斯序列。

五、实验内容

（1）连续信号的时域波形观察。

（2）信号的频谱特性观察。

（3）高斯白噪声叠加及其对信号波形的影响。

六、实验步骤

1. 信号的时域与频域分析

（1）在 Simulink 中找到正弦波、阶跃、脉冲发生器等信源模块（图 1-1.9），连接各电路模块，实现用示波器观察不同波形信源的时域波形图。各模块的参数说明如表 1-1.3—表 1-1.6 所列。

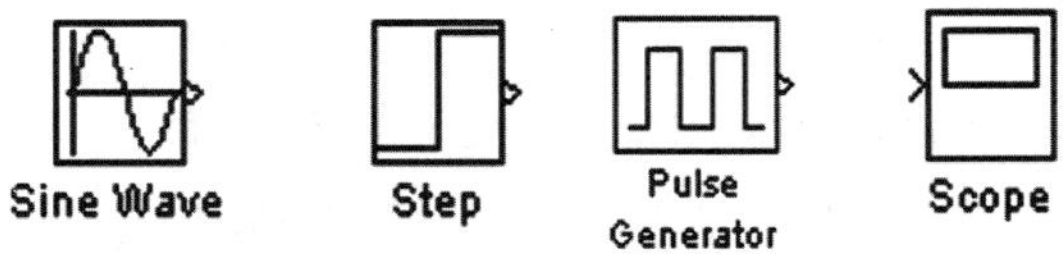

图 1-1.9　不同波形信源模块浏览

表 1-1.3　　Sine Wave(正弦波)参数说明

参数	含义
Amplitude	振幅,默认为 1
Bias	偏差,默认为 0(即 y 轴 0 处)
Frequency	频率,单位为 rad/s,π 需要用 pi 表示
Phase	相位,默认为 0

表 1-1.4　　Step(阶跃)参数说明

参数	含义
Step time	阶跃时间,单位为 s
Initial value	初始值
Final value	阶跃后的值

表 1-1.5　　Pulse Generator(脉冲发生器)参数说明

参数	含义
Amplitude	脉冲幅度,默认为 1
Period	周期宽度,单位为 s
Pulse width	脉冲所占比重(占空比)
Phase delay	相位延迟,默认为 0

表 1-1.6　　Scope(示波器)参数说明

参数	含义
Number of input ports	输入信号数目
Layout	设置示波器显示模式

(2) 用频谱分析仪观察正弦波、脉冲波的频域图。找到 Spectrum Analyzer 模块,设置相应的参数,搭建如图 1-1.10 所示的仿真电路模块,观察正弦波和脉冲波的频谱。将正弦波模块替换为锯齿波模块,观察其频谱。Spectrum Analyzer 模块各参数含义如表 1-1.7 所列。

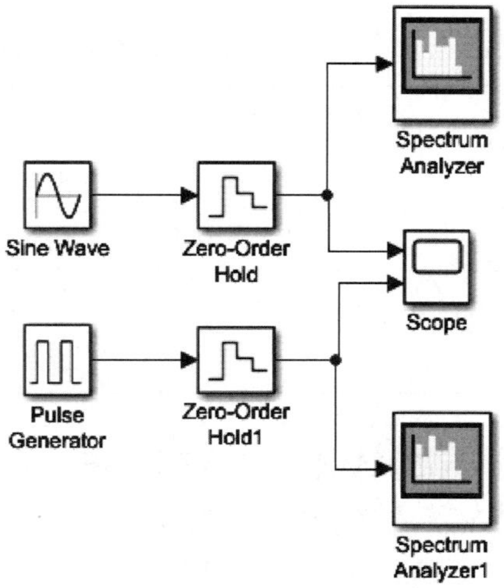

图 1-1.10　频谱分析仿真电路

表 1-1.7　　Spectrum Analyzer（频谱分析仪）参数说明

参数	含义
Input domain	输入信号类型，Time 为时域，Frequency 为频域
Type	显示的频谱类型，Spectrum 为频谱，Spectrogram 为频谱图
Sample rate	频谱的采样率，一般为 Inherited（默认）
Method	频谱估算方式

2. 高斯白噪声信道对信号波形的影响

高斯白噪声信道仿真电路如图 1-1.11 所示，AWGN Channel 模块中各参数含义如表 1-1.8 所列。

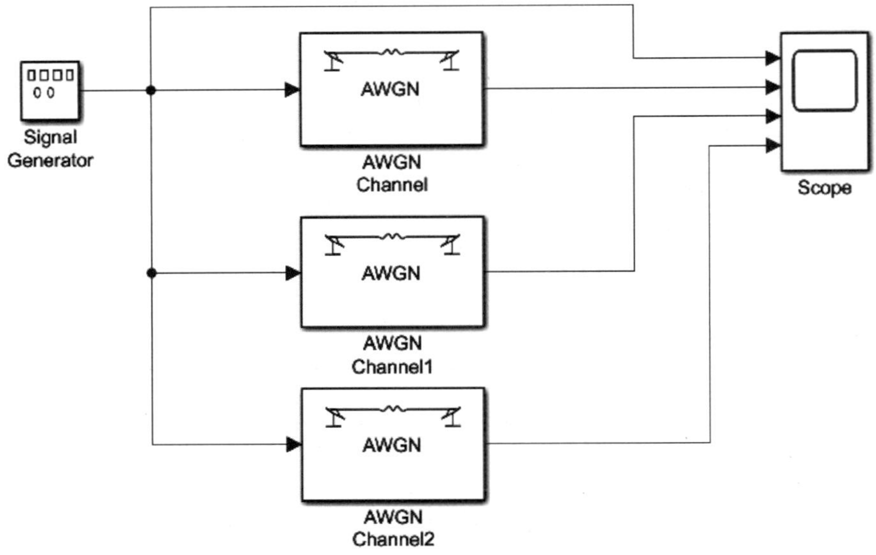

图 1-1.11　高斯白噪声信道仿真电路

表 1-1.8　　AWGN Channel 模块参数说明

参数	含义
Initial seed	随机数产生的种子，默认为 67
Mode	Signal to noise ratio（SNR）
SNR（dB）	设置具体的信噪比数值
Input signal power（W）	输入功率值，默认为 1

3. 信道的带宽受限对信号波形、信号频谱的影响

信道带宽影响实验仿真电路如图 1-1.12 所示。Analog Filter Design 模块参数含义如表 1-1.9 所列，Gain 模块参数含义如表 1-1.10 所列。输入正弦波、矩形波，修改信道的频带范围参数，观察其对信号波形的影响。

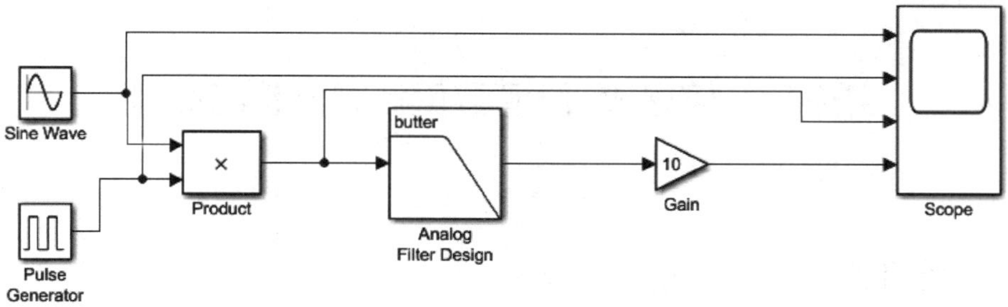

图 1-1.12　信道带宽影响实验仿真电路

表 1-1.9　　Analog Filter Design 模块参数说明

参数名称	参数含义	参数值
Filter type	滤波器类型	Lowpass
Passband edge frequency	截止频率	24 * pi，可根据信号频宽修改

表 1-1.10　　Gain 模块参数说明

参数名称	参数含义	参数值
Gain	增益	10

扫码查看实验一
的更多信息

实验二　信息熵、信道容量计算分析与绘图

一、实验目的

（1）熟悉实验仿真工具 MATLAB 的运行环境，并掌握其 Help 功能。

（2）利用 MATLAB 矩阵和数组操作及绘图功能，完成二进制信源熵的计算和绘图，运用流程控制脚本文件（M 文件）完成多子图绘制。

（3）掌握信息熵计算与绘图，互信息熵计算与曲线绘制及信道容量分析。

二、实验设备

MATLAB 仿真软件。

三、实验软件介绍：MATLAB 运算、绘图与编程基础

MATLAB 是 MathWorks 公司开发的一种跨平台的、用于矩阵数值计算的简单高效的数学语言，编程语句接近数学描述，可读性强，图形功能和可视化数据处理能力极强。MATLAB 语法简单，是数学算法开发和验证的最佳工具。对于常规语言中必须使用许多语句才能实现的功能，如矩阵分解、矩阵求逆、积分、快速傅里叶变换，甚至串口操作、声音的输入和输出等，在 MATLAB 中用一两句指令即可实现，而且其数值算法的可信度、计算精度都很高。

MATLAB 具有强大的绘图功能，可以轻易地获得高质量的（印刷级）曲线图，可以多种形式来表达二维图形和三维图形，并具有强大的动画功能，可以非常直观地表现抽象的数值结果。

1. MATLAB 数据及其运算

MATLAB 数据类型非常丰富，除数值型、字符型等基本数据类型外，还有结构体、单元等更为复杂的数据类型。数值采用习惯的十进制表示，可以带小数点和负号，其缺省的数据类型为双精度浮点型（double）。

1）赋值

一维数组也被称为向量，包括行向量和列向量。二维数组则被称为矩阵，只有每行元素的个数相同且每列元素的个数也相同时，该矩阵才为有效矩阵。

（1）一维数组赋值。第一种方法是使用方括号“[ ]”操作符，所有的向量元素必须在操作符“[ ]”之内；向量元素间用空格或英文的逗号“,”分开，如 a=[1, 4, pi, 3+5i]。第二种方法是使用冒号“:”操作符，即 x=Start: Increment: End，Start 表示新向量 x 的第一个元素，新向量 x 的最后一个元素不能大于 End。Increment 可正可负，若为负，则必须 Start>

End;若为正,则必须 Start<End,否则,创建的为空向量。若 Increment=1,则可简写为 x=Start: End。第三种方法是利用函数 linspace,该函数生成一个由 n 个元素组成的行向量,x1 为其第一个元素,x2 为其最后一个元素,x1 和 x2 之间元素的间隔为(x2−x1)/(n−1)。

(2) 二维数组赋值。第一种方法是使用方括号"[ ]"操作符,行与行之间须用分号";"分隔,也可以在分行处用回车键分隔;行内元素用空格或逗号","分开,如 a2=[1 2 3;4 5 6;7 8 9]。第二种方法是函数方法,例如,函数 ones 生成全 1 矩阵、zeros 生成全 0 矩阵、reshape 将一维数组转换为二维数组。

2) 运算

MATLAB 中常用的算术运算符有+,−,*,/,\,^ 等,含义如表 1-2.1 所列。

表 1-2.1　　常用 MATLAB 算术运算符

运算	数学表达式	MATLAB 运算符	MATLAB 表达式
加	a+b	+	a+b
减	a−b	−	a−b
乘	a×b	*	a*b
除	a/b 或 a\b	/或\	a/b 或 a\b
幂	a^b	^	a^b

MATLAB 用"\"和"/"分别表示"左除"和"右除"。对标量而言,二者没有区别;但对矩阵而言,计算结果会不同。MATLAB 表达式的书写规则与"手写方式"几乎完全相同。表达式按与常规相同的优先级自左至右执行运算:指数运算级别最高,乘除次之,加减最低,括号可以改变运算的次序。

2. 二维数据可视化

二维图形是将平面坐标上的数据点连接起来形成的平面图形。可以采用直角坐标、对数坐标、极坐标等形式。数据点可以用向量或矩阵形式给出,类型可以是实型或复型。

1) plot 指令

(1) plot(x): x 为向量时,以该元素的下标为横坐标、元素值为纵坐标绘出曲线;x 为实数二维数组时,则按列绘制每列元素值相对其下标的曲线,曲线数等于 x 数组的列数。

(2) plot(x, y): x,y 为同维数组时,绘制以 x,y 元素为横纵坐标的曲线;x 为向量,y 为二维数组且其列数或行数等于 x 的元素数时,绘制多条不同颜色的曲线;x 为二维数组,y 为向量时,情况同上,只是 y 仍为纵坐标。

(3) plot(x1, y1, x2, y2, …): 绘制以 x1 为横坐标、y1 为纵坐标的曲线 1,以 x2 为横坐标,以 y2 为纵坐标的曲线 2,等等。

(4) 曲线的点型、线型和颜色: 如表 1-2.2 所列。点型、线型和颜色控制符可以组合使用,其先后顺序不影响绘图效果。如 plot(t, y, 'm-d')绘出的图线为品红色的菱形标记实线图。

表 1-2.2　　曲线的点型、线型和颜色控制符及其含义

类别	控制符	含义	类别	控制符	含义
点型	•	实心黑点	线型	—	实线
	+	十字符		——	虚线
	*	星号		:	点线
	×	叉号		—.	点划线
	^	朝上三角符	颜色	b	蓝
	v	朝下三角符		g	绿
	〈	朝左三角符		r	红
	〉	朝右三角符		c	青蓝
	d	菱形		m	品红
	o	空心圆符		y	黄
	s	方形		k	黑
	p	五角形		w	白
	h	六角形			

2）多次叠绘、双纵坐标和多子图

（1）多次叠绘：多次调用 plot 命令在一幅图上绘制多条曲线，需要 hold 指令的配合。"hold on"即保持当前坐标轴和图形，并可以接受下一次绘制。"hold off"即取消当前坐标轴和图形保持，在这种状态下，调用 plot 绘制完全新的图形，不保留以前的坐标格式、曲线。

（2）双纵坐标 plotyy 指令：plotyy(x1, y1, x2, y2)绘图时，两条曲线在一张图中，且 x1-y1 曲线的 y 轴在左，x2-y2 曲线的 y 轴在右。

（3）多子图：subplot(m, n, k)图形窗口中包含(m×n)个子图，k 用于指定当前子图的编号。其编号原则如下：左上方为第 1 子图，然后向右、向下依次排序。

3）特殊图形

除了 plot 绘图以外，还有一些特殊的绘图函数，如直方图(柱形图)bar，饼图 pie，离散杆图 stem，阶梯图 stairs，极坐标图 polar。

3. 三维数据可视化

（1）三维线图：其指令为 plot3，其使用格式与 plot 十分相似，只是包含第三维空间的参量，如 plot3(x, y, z)。

（2）三维网格图及三维曲面图：要绘制三维空间曲面，构成 x-y 平面上的自变量采样"格点"矩阵。利用指令 meshgrid 产生"格点"矩阵，[x, y]=meshgrid(x, y)；再计算函数在自变量采样"格点"上的函数值，即 z=f(x, y)。mesh(x, y, z)绘制网格图，surf(x, y, z)绘制曲面图。

4. 编程

MATLAB 将命令编成程序存储在一个文件(M 文件)中，依次运行文件中的命令，可以

重复进行。任何复杂程序的控制结构均包括三种：顺序、选择、循环。顺序结构是指按照程序中语句的排列顺序依次执行，直到最后一个语句，是最简单的一种程序。选择结构是根据给定的条件成立或不成立，分别执行不同的语句。MATLAB 中用于实现选择结构的语句有 if 语句、switch 语句和 try 语句。循环结构是指按照给定的条件，重复执行指定的语句，MATLAB 提供了两种实现循环结构的语句：for 语句和 while 语句。

四、实验原理：信息熵及信道容量

1. 离散信源

离散信源是指信源为单个符号或代码的消息，信源符号集的取值是有限的或可数的，可以用一维离散型随机变量来描述，其数学模型为

$$\begin{bmatrix} X \\ P \end{bmatrix} = \begin{bmatrix} x_1 & x_2 & \cdots & x_q \\ p(x_1) & p(x_2) & \cdots & p(x_q) \end{bmatrix}$$
$$p(x_i) \geqslant 0,\ i = 1,\ 2,\ \cdots,\ q \tag{1-2.1}$$
$$\sum_{i=1}^{n} p(x_i) = 1$$

2. 自信息量及信息熵

自信息量定义为

$$I(x_i) = \log[1/p(x_i)] = -\log[p(x_i)] \tag{1-2.2}$$

自信息量不能作为整个信源的信息测度，因此引入平均自信息量即信息熵。信源 X 能发出 n 个不同的消息 x_1，x_2，…，x_i，…，x_n，则定义熵为信源的平均信息量 $H(X)$：

$$H(X) = E[I(x_i)] = -\sum_{i=1}^{n} P(x_i)\log_2 P(x_i) \tag{1-2.3}$$

3. 互信息熵

互信息量为自信息量与条件信息量之差。

$$I(x_i;\ y_j) = \log[p(x_i \mid y_j)/p(x_i)] = \log[1/p(x_i)] - \log[1/p(x_i \mid y_j)] \tag{1-2.4}$$

互信息熵为信源的熵与条件熵之差：$I(X;Y) = H(X) - H(X \mid Y)$，也可用信宿熵来计算：$I(X;Y) = H(Y) - H(Y \mid X)$

$$H(Y) = -\sum_{j=1}^{m} P(y_j)\log_2 P(y_j) \tag{1-2.5}$$

$$H(Y \mid X) = -\sum_{i=1}^{n}\sum_{j=1}^{m} P(x_i, y_j)\log_2 P(y_j/x_i) \tag{1-2.6}$$

注：式 1-2.2 和式 1-2.4 中对数的底可取 2，e，10，其对应的信息量的单位不同，分别为比特，奈特，夸特。

$$H(X \mid Y)=-\sum_{i=1}^{n}\sum_{j=1}^{m}P(x_i,y_j)\log_2 P(x_i/y_j) \tag{1-2.7}$$

4. 信道容量

信道容量定义为互信息量的最大值：

$$C=\max_{P(x)}\left[I(X;Y)\right] \tag{1-2.8}$$

五、实验内容

(1) 利用 MATLAB 编程实现信源熵计算，并分析其特性。

已知二元离散信源 $\begin{bmatrix}X\\P\end{bmatrix}=\begin{bmatrix}x_1 & x_2\\p & 1-p\end{bmatrix}$，其信息熵定义为

$$H(X)=p*\log_2\frac{1}{p}+(1-p)*\log_2\frac{1}{1-p} \tag{1-2.9}$$

① 当 p 在[0,1]之间变化时，绘制 $H(X)$ 对应的图，观察其极大值。

② 实现对 $H(X)$ 不同线型、颜色、数据点型的多子图绘制。

(2) 利用 MATLAB 编程实现互信息熵计算与绘图，分析其信道容量。

已知信源端概率为 $P(x_1=0)=\omega$，$P(x_2=1)=1-\omega$，二进制对称信道 BSC 信道传递矩阵如式(1-2.10)所示，且对称信道有 $p=q$：

$$[\boldsymbol{P}(Y \mid X)]=\begin{bmatrix}p & 1-p\\1-q & q\end{bmatrix} \tag{1-2.10}$$

① 当对称信道 $p=q=0.9$ 时，画出 $I(X;Y)$ 与 ω（取值为 0～1)的关系。

② 对于等概率信源（$\omega=0.5$)，绘制 $I(X;Y)$，分析对称信道的不同 p 值对 $I(X;Y)$ 的影响。

③ 画出 $I(X;Y)$ 与 ω(取值为 0 ～ 1)，$p=q$（取值为 0～1)的关系三维图。

六、实验步骤

1. 信息熵计算与分析

(1) p 离散化赋值：p=0：0.01：1。

(2) H(X)计算：H=p.＊log2(1./p)+(1.−p).＊log2(1./(1.−p))。

(3) H(X)绘图：plot(p,H)。

2. 互信息熵计算与分析

(1) 分析对称信道 p=q=0.9 时，画出 I(X; Y)与 ω(取值为 0～1)的关系。

① ω 离散化赋值：ω=[0：0.01：1]；

② 构造输入概率矩阵：px=[ω(j),1−ω(j)]；

③ 构造转移矩阵：pyx=[p,1−p;1−p,p]；

④ 求解输出概率矩阵：py=px * pyx；

⑤ H(Y)：hy=py(i). * log2(1/py(i))；

⑥ H(X|Y)：hxy=p. * log2(1/p)+(1−p). * log2(1/(1−p))；

⑦ I(X;Y)：c(j)=hy−hxy；

⑧ 画图：plot(ω, c)。

(2) 对于等概率信源(ω =0.5)，绘制 I(X;Y)，分析对称信道的不同 p 值对 I(X;Y)的影响。

① p 离散化赋值：p = [0：0.01：1]；

② 构造输入概率矩阵：px = [ω,1−ω]；

③ 构造转移矩阵：pyx = [p(j),1−p(j);1−p(j),p(j)]；

④ 与步骤(1)类似。

(3) 画出 I(X;Y)与 ω(取值为 0～1)，p=q(取值为 0～1)的关系三维图。

① ω 离散化赋值：ω = [0：0.01：1]；

② p 离散化赋值：p = [0：0.01：1]；

③ 构造输入概率矩阵：px = [x(i),1−x(i)]；

④ 构造转移矩阵：pyx = [p(j),1−p(j);1−p(j),p(j)]；

⑤ 计算 H(Y)，H(X|Y)，I(X;Y)；

⑥ 画图：mesh(p,x,c)。

七、拓展思考

(1) 分析本实验二元信源熵的极大值特性，并拓展思考离散多元信源概率分布对信源熵的影响。

(2) 分析互信息熵、信道容量的物理含义，信道容量大小与哪些因素有关。

扫码查看实验二的更多信息

实验三　基于 Simulink 的多路时分复用通信系统建模与仿真

一、实验目的

(1) 熟悉多路时分复用通信原理。

(2) 熟悉 MATLAB 环境下 Simulink 仿真工具箱的运用。

(3) 构建时分复用的仿真模型，并分析仿真波形。

二、实验设备

MATLAB 仿真软件及 Simulink 工具箱。

三、实验原理：时分复用工作原理及 Simulink 信号处理模块

1. 时分复用含义

时分复用(Time Division Multiplexing，TDM)是指对欲传输的多路信号分配以固定的传输时隙(时间)，以统一的时间间隔依次循环进行断续传输。时分复用的多路信号在时间上是分开的，它们所占用的频带是公共的，时分复用信号在频率上重叠，但在时间上不重叠。

2. 时分复用原理

如图 1.3-1 所示，假设接收端、发送端各有 3 人要通过一个实信道(一条电缆)同时打电话，把他们分成甲、乙、丙三对，配以固定的传输时隙并以一定的顺序分别传输他们的信号，比如第一时刻开关拨在甲位，传输甲对通话者的信号；第二时刻开关拨在乙位，传输乙对通

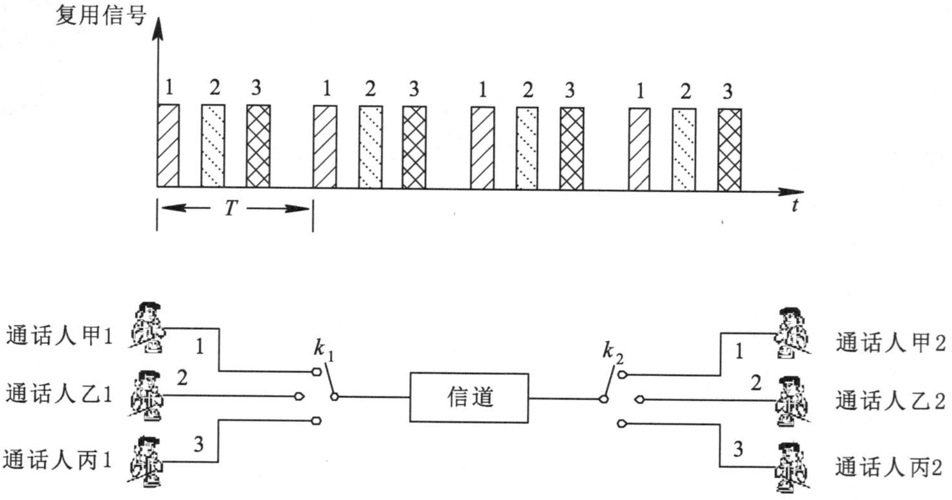

图 1-3.1　时分复用示意

话者的信号;第三时刻开关拨在丙位,传输丙对通话者的信号;第四时刻又循环到传输甲对通话者的信号,周而复始,直到通话完毕。

时分复用实际完全建立在抽样定理基础上,相邻抽样脉冲之间存在时间上的空隙,利用这种空隙便可以在同一信道中传输其他路信号的抽样脉冲。只要抽样脉冲相互不混淆,在时间上是分开的,那么,接收端就可以把各种信号分开,最后恢复各路原始信号,这就是时分复用原理。

3. 时分复用系统组成及工作机制

时分复用系统的主要部件是发送端的时间分配器 S_T 和接收端的时间分配器 S_R,它们在时间上是同步的,这就对同步系统的技术指标要求很严格。时间分配器的功能实际上就是对各路信号轮流取样,因此,它输出的就是由各路信号取样后所组成的时间复用信号。

4. Simulink 信号处理模块

信号复用及解复用模块——Simulink 信号处理模块功能如表 1-3.1 所列。

表 1-3.1　　Simulink 信号处理模块功能说明

模块名	说明
Mux	将几个输入信号合成一个向量信号
Demux	将一个向量信号分解输出
Selector	选择或重组输入信号并输出
Matrix Concatenation	矩阵串联器
Merge	将几个输入量合并为一个标量的输出串

四、实验内容

(1) 构建时分复用的电路模型。用 Pulse Generator(矩形脉冲)、Sine Wave(正弦波)、Repeating Sequence(锯齿波)作为 3 路输入信号,发送端的时间分配器对各路信号进行轮流采样;经过 Merge(合成),将由 3 路信号取样后合成 1 路时间复用信号;再经过接收端的时间分配器,将合成的 1 路时间复用信号还原成 3 路信号。

(2) 设置各仿真模块的参数。

(3) 观察并记录各个示波器的仿真波形。

五、实验步骤

(1) 建立仿真电路图(图 1-3.2)。

(2) 参数设置。

① Pulse Generator 模块参数含义及设置如表 1-3.2 所列。

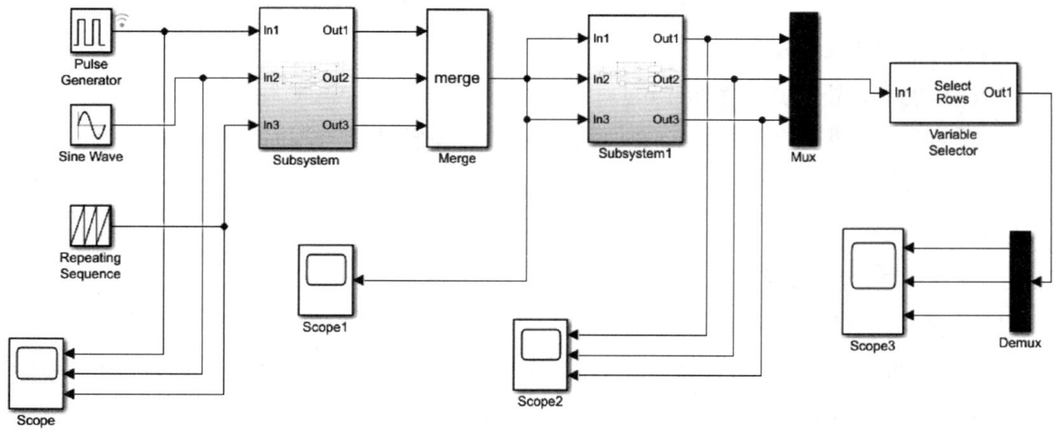

图 1-3.2　时分复用仿真电路图

表 1-3.2　　Pulse Generator 模块参数说明

参数	含义	参数设置
Amplitude	振幅	1
Period	周期大小	2
Pulse width	脉冲宽度，通常用占空比百分值表达	50
Phase delay	相位延迟	0

② Sine Wave 模块参数含义及设置如表 1-3.3 所列。

表 1-3.3　　Sine Wave 模块参数说明

参数	含义	参数设置
Amplitude	振幅	1
Bias	偏差	0
Frequency	频率	pi
Phase	相移	0

③ Repeating Sequence 模块参数含义及设置如表 1-3.4 所列。

表 1-3.4　　Repeating Sequence 模块参数说明

参数	含义	参数设置
Time values	时间区间	[0 1]
Output values	输出值	[0 2]

④ Subsystem 内部结构如图 1-3.3 所示；Pulse Generator，Zero-Order Hold(零阶保持器)和 Delay(延时器)模块参数含义及设置如表 1-3.5—表 1-3.7 所列。Enabled Subsystem 是

一个由外部输入使能执行的子系统，其内部结构和使能端口分别如图 1-3.4 和图 1-3.5 所示。

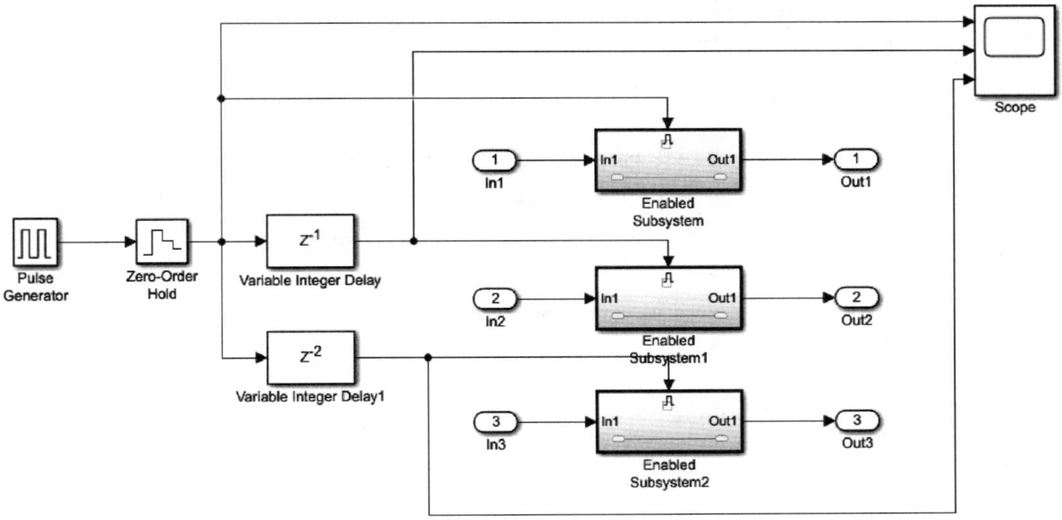

图 1-3.3　Subsystem 内部结构

表 1-3.5　　Pulse Generator 模块参数说明

参数	含义	参数设置
Amplitude	振幅	1
Period	周期大小	0.01
Pulse width	脉冲宽度，通常用占空比百分值表达	100/3
Phase delay	相位延迟	0

表 1-3.6　　Zero-Order Hold 模块参数说明

参数	含义	参数设置
Sample time	仿真步长	0.01/3

表 1-3.7　　Delay 模块参数说明

参数	含义	参数设置
Delay length	延迟长度	根据实验为 1，2

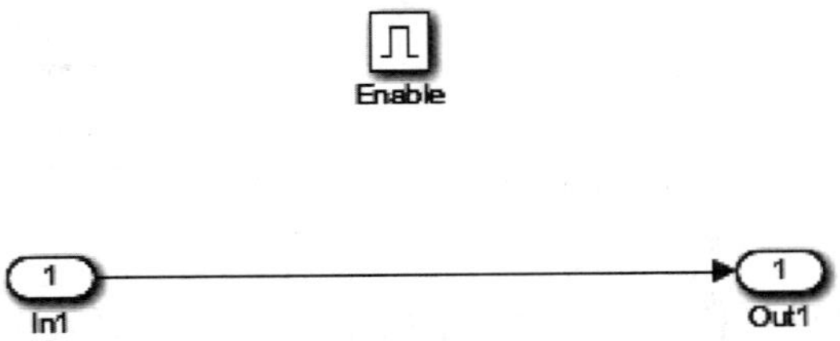

图 1-3.4　Enabled Subsystem 内部结构

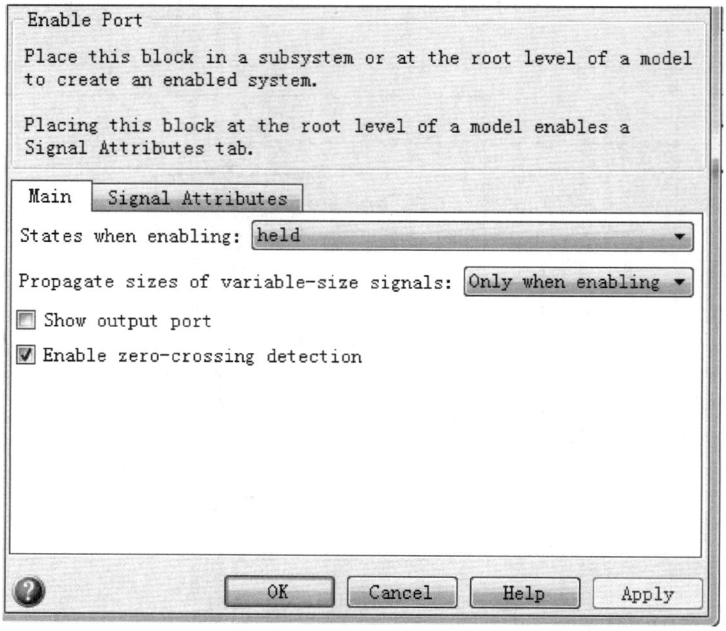

图 1-3.5　使能端口

⑤ Merge 模块参数含义及设置如表 1-3.8 所列。

表 1-3.8　Merge 模块参数说明

参数	含义	参数设置
Number of inputs	输入信号数量	3

⑥ Subsystem1 的内部结构如图 1-3.6 所示。Subsystem1 参数设置同 Subsystem。

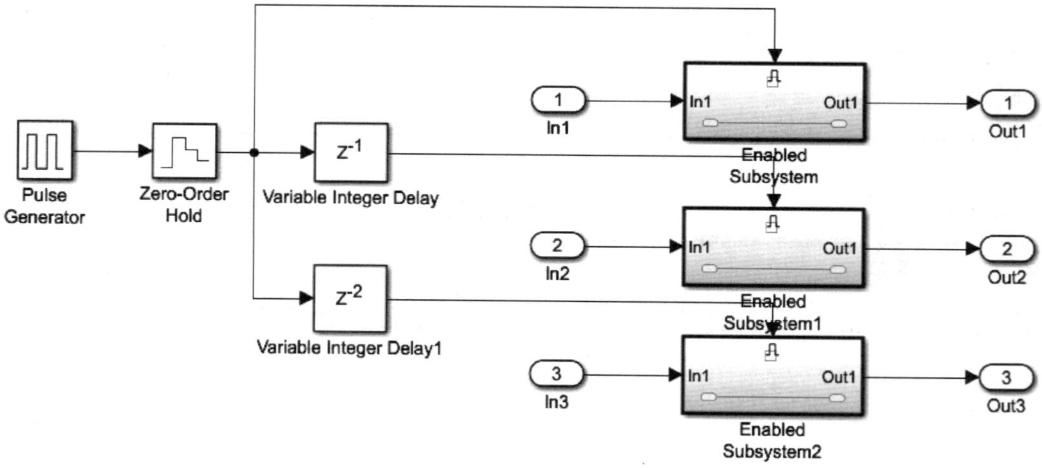

图 1-3.6　Subsystem1 内部结构图

⑦ Mux 模块将几个信号合成为 1 个向量输出，其参数含义及设置如表 1-3.9 所列。

表 1-3.9　　Mux 模块参数说明

参数	含义	参数设置
Number of inputs	输入信号数量	3

⑧ Selector 模块参数设置如图 1-3.7 所示。

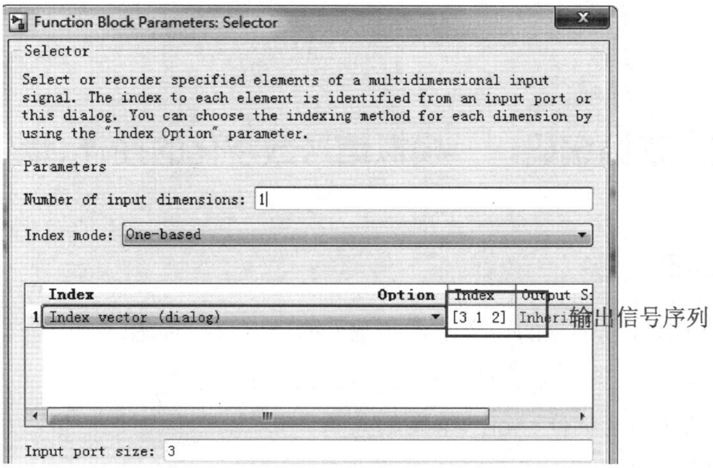

图 1-3.7　Selector 模块

⑨ Demux 模块将向量信号分离为输出信号，其参数含义及设置如表 1-3.10 所列。

表 1-3.10　　Demux 模块参数说明

参数	含义	参数设置
Number of outputs	输出信号数量	3

⑩ Scope 模块参数含义及设置如表 1-3.11 所列。

表 1-3.11　　Scope 模块参数说明

参数	含义	参数设置
Number of input ports	信号输入数目	根据实验进行设置
Layout	展示界面设置	用鼠标拉动网格选择，一格代表一个信号显示界面

（3）修改零阶保持器的抽样间隔，观察示波器波形的变化。

六、拓展思考

（1）将 3 路时分复用改为 4 路、6 路，其仿真模块图及参数有哪些需要改变？

（2）面向复杂系统建模时，如果无法得到正确的仿真结果，如何寻找问题模块？

扫码查看实验三的更多信息

第二章
信源及信道编码

实验四　信源编码——模拟信号数字化的抽样、量化、编码

一、实验目的

（1）了解模拟信号数字化的三个基本步骤：抽样、量化、编码。

（2）了解抽样频率、量化级数对信号数字化的影响。

（3）了解信息速率与抽样、量化、编码的关系。

（4）掌握 MATLAB 语言的函数调用，提高编程能力。

二、实验设备

MATLAB 仿真软件及 Simulink 工具箱。

三、实验原理：模拟信号数字化方法

1. 抽样

抽样是指不断地以固定的时间间隔采集模拟信号当时的瞬时值。假设一个模拟信号 $f(t)$ 通过一个开关，则开关的输出与开关的状态有关：当开关处于闭合状态时，开关的输出就是输入，即 $y(t)=f(t)$；若开关处于断开状态，则输出 $y(t)$ 就为零。如果让开关受一个窄脉冲串（序列）的控制，脉冲出现时开关闭合，脉冲消失时开关断开，此时输出 $y(t)$ 就是一个幅值变化的脉冲串（序列），每个脉冲的幅值就是该脉冲出现时刻输入信号 $f(t)$ 的瞬时值，因此，$y(t)$ 就是对 $f(t)$ 抽样后的信号或称样值信号（图 2-4.1）。

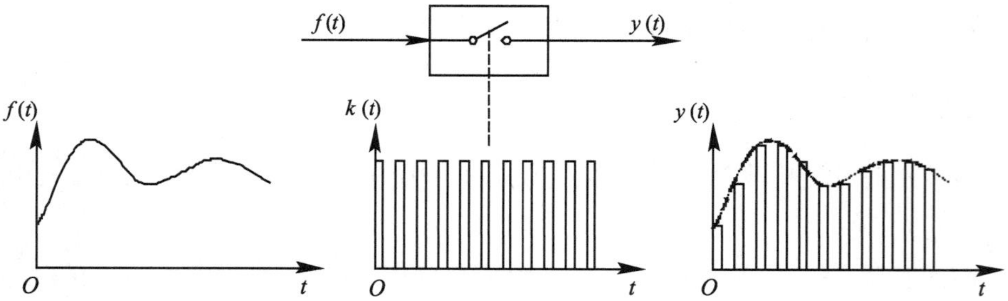

图 2-4.1　抽样概念示意

抽样是模拟信号数字化过程的第一步，经过抽样后的信号是时间离散且时间间隔相等的信号，量化和编码都是在此基础上进行的。在数字通信中，不仅要把模拟信号变成数字信号进行传输，还要在接收端将它还原成模拟信号，还原的信号应与发送端的信号尽可能相同，才能达到通信的目的(图 2-4.2)。

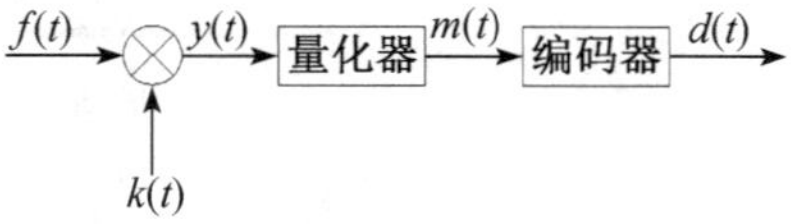

图 2-4.2　模拟信号数字化模型

抽样定理指出，一个频带限制在 $(0, f_H)$ 内的连续信号 $f(t)$，如果抽样频率 $f_s \geqslant 2f_H$，则可以由样值序列无失真地重建原始信号。

2. 均匀量化

通过抽样，得到的信号是一个时间离散但幅度连续的信号，需要经过量化过程才能将离散幅度电平表示或编码成 Nbit 的二进制数，最终完成模数转换即信源编码。

关于量化的几个基本概念——量化值、量化级、量化间隔、量化误差、量化信噪比定义如下。

(1) 量化值(量化电平)：确定的量化后的取值。

(2) 量化级：量化值的个数。

(3) 量化间隔(量化台阶)：相邻量化值间的距离为量化间隔，用“Δ”表示。

(4) 量化误差(量化噪声)：设抽样值为 $x(kT_s)$，量化后的值为 $x_q(kT_s)$，$x_q(kT_s)$ 与 $x(kT_s)$ 的误差称为量化误差，又称为量化噪声。量化误差不超过 $\pm\Delta/2$，且量化级越大，Δ 值越小，量化误差也越小。

(5) 量化信噪比：衡量量化性能好坏最常用的指标是量化信噪比 (S_q/N_q)，其中，S_q 表示量化信号值 $x_q(kT_s)$ 产生的功率，N_q 表示量化误差功率。量化信噪比越大，则量化性能越好。

假设模拟信号是在以 $[-X_{max}, X_{max}]$ 表示的区间内分布的，在均匀量化编码中，长度为 $2X_{max}$ 的区间 $[-X_{max}, X_{max}]$ 被划分为 N 个相等的子区间，每一子区间长度 $\Delta = 2X_{max}/N$。如果 N 足够大，那么，在每一子区间内输入的密度函数就可认为是均匀的(图 2-4.3 和图 2-4.4)。

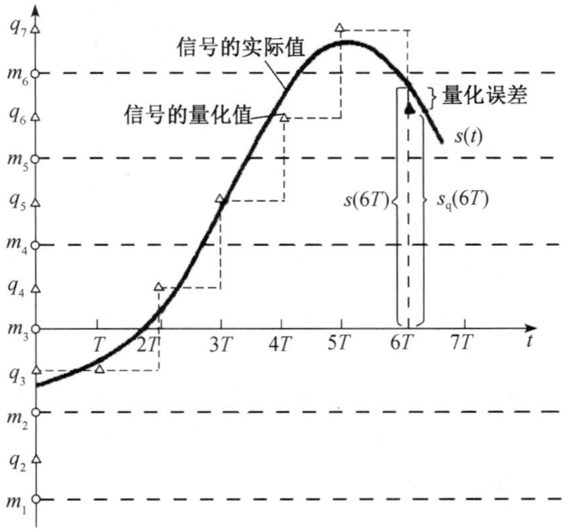

图 2-4.3　均匀量化

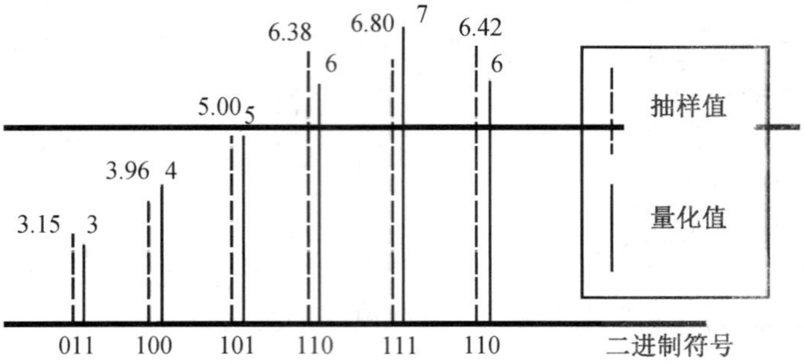

图 2-4.4 均匀量化值取值

3. 二进制编码

以 $N=16$ 为例，即将所有信号都量化成 16 个相等的量化区间，对其进行相应的自然二进制编码和折叠二进制编码（表 2-4.1）。

表 2-4.1 二进制码型示例

量化值序号	量化电压极性	自然二进制码	折叠二进制码
15	正极性	1111	1111
14		1110	1110
13		1101	1101
12		1100	1100
11		1011	1011
10		1010	1010
9		1001	1001
8		1000	1000
7	负极性	0111	0000
6		0110	0001
5		0101	0010
4		0100	0011
3		0011	0100
2		0010	0101
1		0001	0110
0		0000	0111

四、实验内容

（1）对抽样定理加以验证，对模拟信号进行抽样，比较在不同的采样频率下所得的模拟信号差异。

（2）对抽样后的模拟样值信号进行均匀量化，比较分析不同量化间隔的量化误差及其对信号波形的影响。

（3）对信号进行折叠二进制编码，输出 1 s 模拟信号对应的数字编码序列，了解数码率参数的影响因素。

五、实验步骤

1. 抽样

(1) 基于 M 文件编程的抽样频率影响分析。产生一个频率为 1 Hz 的正弦波，分别以 5 Hz，10 Hz 和 32 Hz 的频率进行采样，绘出原信号(可用 plot 函数)和不同抽样频率对应的信号序列(可用 stem 函数)，保存在同一图中进行对比。

① 设置时间采样点：t=0：1/100：1。

② 给出所需采样信号：y=cos(2 * pi * t)。

③ 画图：原信号 plot(t,y,'r')，信号序列 stem(t,y,'b','filled')。

(2) 基于 Simulink 的信号抽样。找到 Sine Wave 和 Pulse Generator 模块，按图 2-4.5 的形式搭建模块，具体参数设置如图 2-4.6 所示。

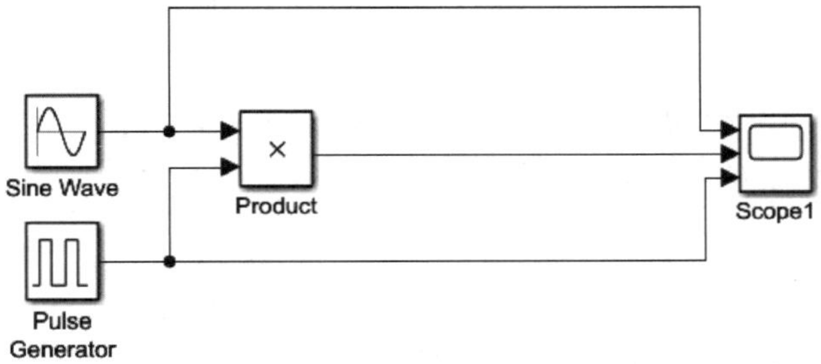

图 2-4.5　采样仿真电路

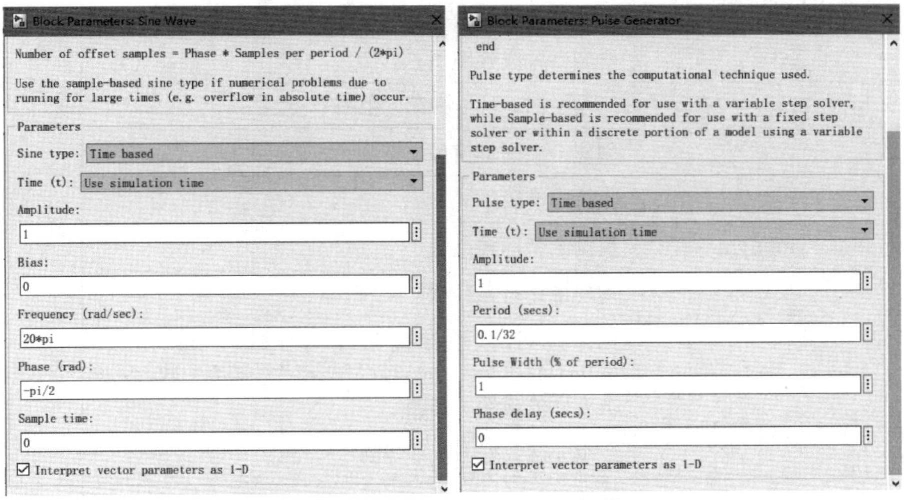

图 2-4.6　Sine Wave 和 Pulse Generator 模块参数设置与修改

2. 均匀量化

(1) 对 1 Hz 的正弦波以 32 Hz 的抽样频率进行抽样后的信号，分别进行 8 级、256 级和 2 048 级均匀量化。绘出抽样后的正弦波波形(可用 plot 函数)和量化图(可用 stairs 函数)，保存在同一图中进行对比。

① 计算子区间长度矩阵：a=－1：2/n：1。

② 原信号与子区间长度比较：if(y(i)>=a(j))&&(y(i)<=a(j+1))。

③ 获得信号对应的量化值：S(i)=(a(j)+a(j+1))/2。

(2) 计算量化噪声。绘制对原始信号进行 32 Hz 采样时，采用 8 级、256 级和 2 048 级均匀量化分别对应的量化噪声 T(i)=S(i)－y(i)。

3. 编码

自然二进制编码(16 级)步骤如下。

(1) 进行量化操作，使用量化函数。

(2) 信号归一化：S=abs(S/MaxS)。

(3) 量化电平值：Q=16 * S。

(4) 列出码序选择：N=[0 0 0;0 0 1;0 1 0;0 1 1;1 0 0;1 0 1;1 1 0;1 1 1]。

(5) 比较：if (Q(i)>=a(j))&&(Q(i)<=a(j+1))； % 可使用循环结构。

(6) 得到后三位码序：code(i,(2：4))=N(j,：)。

(7) 判断信号正、负，得到首位码：if z(i)>0,code(i,1)=1。

(8) 计算数码率：code_value=(length(S)－1) * 4 * 1。

六、提示

MATLAB 常用绘图函数如表 2-4.2 所列。

表 2-4.2　MATLAB 常用绘图函数

函数名称	含义
plot	绘制二维线性图形
subplot(a,b,c)	绘制子图 a 行 b 列第 c 张图
figure()	创建一个图形窗口
hold on	保持当前图形
axis[xmin xmax ymin ymax]	控制图坐标轴范围
stairs	均匀量化时，绘制阶梯状图
stem	抽样绘图时，绘制离散序列样值，stem(x, y, ‘filled’)，最后一个参数“‘filled’”为可选参数，表示填充样值顶端的圆圈
zeros(a,b)	产生 a 行 b 列的全零矩阵
sign()	取符号
max()	取最大值
length()	取长度
clc	清除 Command Window 中的内容
close all	关闭所有图形窗口

扫码查看实验四的更多信息

实验五　信源编码——PCM语音压缩编码及误差分析

一、实验目的

(1) 了解语音信号的分布特征，加深对非均匀量化的理解。

(2) 掌握 PCM 译码过程及方法，对比发送端原始信号与接收端译码信号的误差。

(3) 熟练掌握 MATLAB 语言的函数调用，提高编程能力。

二、实验设备

MATLAB 仿真软件及 Simulink 工具箱。

三、实验原理：语音信号 PCM 编码

通过电脑存储或数字化录音设备采集的语音信号一般都已经经过数字化处理。本实验主要验证最经典的长途固定电话语音信号数字化处理过程——PCM 编码(图 2-5.1)。

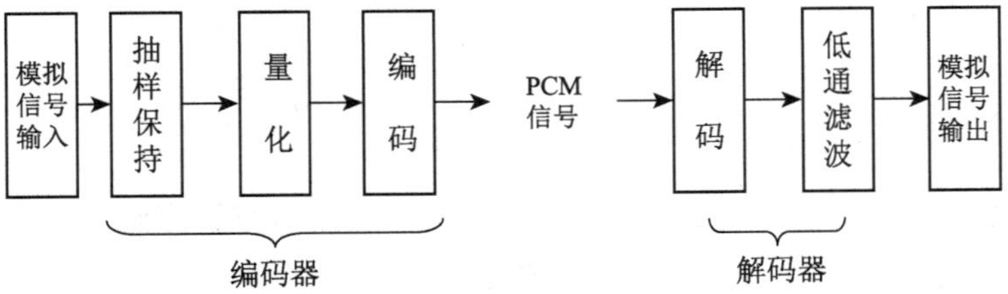

图 2-5.1　信号传输过程

1. 语音信号特征

人的语音信号频率通常在 300～3 400 Hz，由实验四可知，采样频率 f_s 须大于 $2f_H$，而且 f_s 越大，信号越逼真，但也直接使得数码率增加，因此国际标准规定长途电话系统的采样频率为 8 kHz。图 2-5.2 为一段语音信号的幅度归一化到[−1,1]的时域波形图，可以看出，

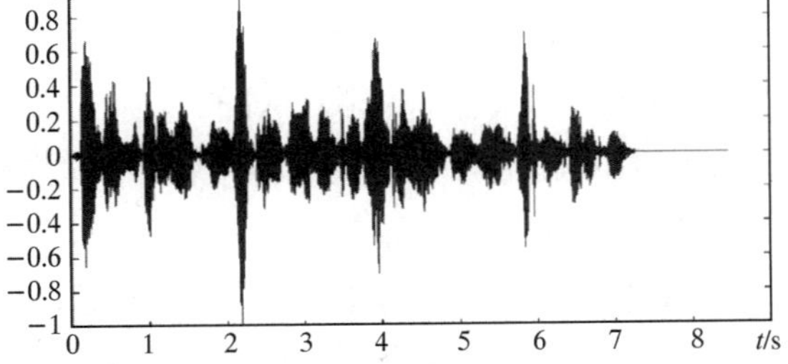

图 2-5.2　语音信号时域波形图示例

0～0.2 的信号幅度绝对值占比比较大，而 0.5 以上的占比很小，即语音信号主要以小信号为主。

2. 非均匀量化的基本原理

在非均匀量化中，输入信号首先通过一非线性环节以减小输入的动态范围，再将输出加到某一均匀 PCM 系统上。在接收端，输出信号再通过另一非线性环节，该环节是在发送端所用的非线性环节的逆特征。这样，总的效果就等效于一个在量化电平之间具有非均匀间隔的 PCM 系统。

非均匀量化时，量化器随着输入信号的大小采用不同的量化间隔，大信号时采用大的量化间隔，小信号时采用小的量化间隔，可以较少的量化电平数达到输入动态范围的要求（图 2-5.3）。

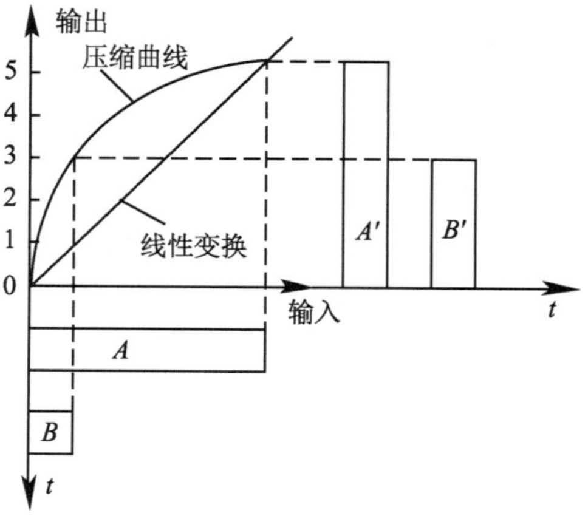

(a) 压缩器输入、输出示意

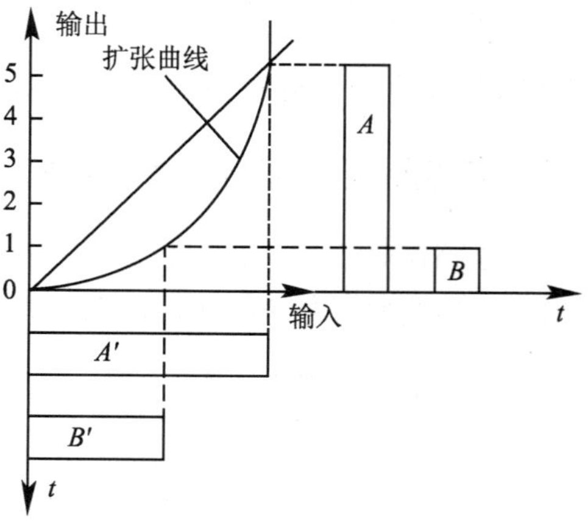

(b) 扩张器输入、输出示意

图 2-5.3　非均匀量化压缩特性示意

3. 13 折线信号压缩法

13 折线信号压缩法的前提：设在直角坐标系中，x 轴和 y 轴分别表示输入信号和输出信号，并假定输入信号和输出信号的最大取值范围都是－1～1，即都是取归一化后的值。13 折线的形成如下：

（1）x 轴输入信号归一化后，取值范围按 1/2 递减规律分为 8 段。首先把输入信号（横坐标）的幅值归一化，把 0～1 的值域划分为不均匀的 8 个区间（段），每个区间的长度以 2 倍递增。具体地说，就是 0～1/128 为第一区间，1/128～1/64 为第二区间，1/64～1/32 为第三区间，1/32～1/16 为第四区间，……，1/2～1 为第八区间。

（2）y 轴输出信号归一化后，均匀地分为 8 段。输出信号（纵坐标）的幅度也归一化，并将其均匀地分成 8 个区间，即 0～1/8，1/8～2/8，2/8～3/8，…，7/8～1。然后以 x 轴各区间的右端点为横坐标，以相对应 y 轴区间的上端点为纵坐标，就可得到（1/128，1/8），（1/64，2/8），（1/32，3/8），…，（1，1）等 8 个点。将原点及这 8 个点依次用直线段连接起来就得到一条具有压缩特性的折线（图 2-5.4）。

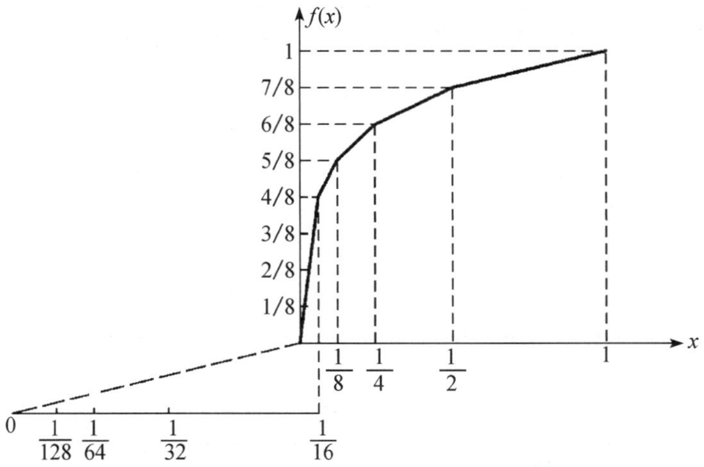

图 2-5.4　13 折线示意

按照如上的分段方法，将对应的点连接后，正、负取值范围内各有 8 段，共 16 段折线，但由于正极性的第一段、第二段与负极性的第一段、第二段的斜率相同，均为 $\frac{\mathrm{d}y}{\mathrm{d}x}=\frac{1/8}{1/128}=16$，因此，这四段折线可以视为一段，即通常简称的 13 折线。

4. 折叠码

所谓的折叠码，就是码的第一位代表信号的正、负极性，然后对信号的绝对值进行编码。为使二进制折叠码编码方便和易读，将上述归一化的信号变换为 2 048 级信号，即将[0,1]信号变换为 $[0, 2\,048\,\Delta]$，$\Delta=1/2\,048$。

13 折线法中采用的折叠码共 8 位：C_1 为极性码；C_2—C_4 为段落码，表示 8 种段落斜率（表 2-5.1）；C_5—C_8 为段内码，表示 16 个量化电平（表 2-5.2—表 2-5.4）。

表 2-5.1　　极性码与段落码

折线段序号	归一化信号区间	2 048 级信号区间	段落码 C_2，C_3，C_4
7	$\left[\frac{1}{2}, 1\right]$	$[1\,024\,\Delta, 2\,018\,\Delta]$	111
6	$\left[\frac{1}{4}, \frac{1}{2}\right)$	$[512\,\Delta, 1\,024\,\Delta)$	110
5	$\left[\frac{1}{8}, \frac{1}{4}\right)$	$[256\,\Delta, 512\,\Delta)$	101
4	$\left[\frac{1}{16}, \frac{1}{8}\right)$	$[128\,\Delta, 256\,\Delta)$	100
3	$\left[\frac{1}{32}, \frac{1}{16}\right)$	$[64\,\Delta, 128\,\Delta)$	011

（续表）

折线段序号	归一化信号区间	2 048 级信号区间	段落码 C_2，C_3，C_4
2	$\left[\frac{1}{64}, \frac{1}{32}\right)$	[32 Δ，64 Δ)	010
1	$\left[\frac{1}{128}, \frac{1}{64}\right)$	[16 Δ，32 Δ)	001
0	$\left[0, \frac{1}{128}\right)$	[0，16 Δ)	000

表 2-5.2　段内码

量化值	段内码 C_5，C_6，C_7，C_8	量化值	段内码 C_5，C_6，C_7，C_8
15	1111	7	0111
14	1110	6	0110
13	1101	5	0101
12	1100	4	0100
11	1011	3	0011
10	1010	2	0010
9	1001	1	0001
8	1000	0	0000

表 2-5.3　各段段落长度和量化间隔（2 048 级）

折线段序号	段落长度	各段量化间隔
0	16 Δ	1 Δ
1	16 Δ	1 Δ
2	32 Δ	2 Δ
3	64 Δ	4 Δ
4	128 Δ	8 Δ
5	256 Δ	16 Δ
6	512 Δ	32 Δ
7	1 024 Δ	64 Δ

表 2-5.4　　各段 13 折线编码与对应电平关系(2 048 级)

段落序号	段落码			段落起始电平	段内码对应电平				段落长度
	C_2	C_3	C_4		C_5	C_6	C_7	C_8	
0	0	0	0	0	8 Δ	4 Δ	2 Δ	1 Δ	16 Δ
1	0	0	1	16 Δ	8 Δ	4 Δ	2 Δ	1 Δ	16 Δ
2	0	1	0	32 Δ	16 Δ	8 Δ	4 Δ	2 Δ	32 Δ
3	0	1	1	64 Δ	32 Δ	16 Δ	8 Δ	4 Δ	64 Δ
4	1	0	0	128 Δ	64 Δ	32 Δ	16 Δ	8 Δ	128 Δ
5	1	0	1	256 Δ	128 Δ	64 Δ	32 Δ	16 Δ	256 Δ
6	1	1	0	512 Δ	256 Δ	128 Δ	64 Δ	32 Δ	512 Δ
7	1	1	1	1 024 Δ	512 Δ	256 Δ	128 Δ	64 Δ	1 024 Δ

四、实验内容

(1) 用 M 文件编程方式实现 PCM 编码、译码及误差分析。

① 对单音频语音信号进行 PCM 编码。

② 对每个 PCM 码进行译码，还原成模拟序列信号。

③ 对比分析绝对误差、相对误差，并绘制相应曲线。

(2) 针对不同幅值范围的原始信号，对比分析第 1 段和第 8 段信号样值的绝对误差和相对误差。

(3) 修改噪声叠加在编码后译码前的数字信号误码，搭建仿真电路图，分析误码对信号传输的影响。

(4) 用 Simulink 进行建模，实现单音频的编码和译码，观察噪声对信号波形的影响。

五、实验步骤

1. PCM 编码

运用 MATLAB 中的 M 文件编程方式，实现 PCM 编码，具体流程如图 2-5.5 所示。

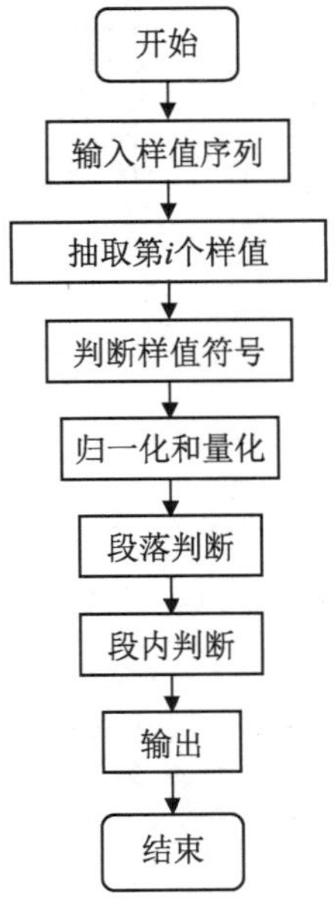

图 2-5.5　PCM 编码流程

(1) 抽样：电话回铃音/正常振铃音为 450 Hz 单音频语音信号，常规是响 1 s，停 4 s，周期为 5 s，对响 1 s 的信号 x1(t)＝1 024cos(2π＊450＊t)mv 进行 8 000 Hz 的采样。

① t＝0：1/8 000：1

② x1＝1 024＊cos(2＊pi＊450＊t)；

(2) 量化编码：对样值的极性进行判断，编极性码，然后进行 2 048 级量化及段落码、段内码编码，输出相应的 8bitPCM 编码。

① 判断信号的正、负：z＝sign(S)。

② 求信号的最大值：MaxS=max(abs(S))。

③ 信号归一化：S=abs(S/MaxS)。

④ 量化电平值：Q=2 048 * S。

⑤ 代码存储矩阵(全零)：code=zeros(length(S),8)。

⑥ 段落码选择：N=[0 0 0;0 0 1;0 1 0;0 1 1;1 0 0;1 0 1;1 1 0;1 1 1]。

⑦ 段内码选择：M=[0 0 0 0;0 0 0 1;0 0 1 0;0 0 1 1;0 1 0 0;0 1 0 1;0 1 1 0;0 1 1 1;
1 0 0 0;1 0 0 1;1 0 1 0;1 0 1 1;1 1 0 0;1 1 0 1;1 1 1 0;1 1 1 1]。

⑧ 比较信号正、负选择首码：if z(i)>0, code(i,1)=1。

2. PCM 译码

对 PCM 码进行译码，得出对应 2 048 级的译码数值。

提示：给出码序对应矩阵，对各部分码序进行比对，完成译码工作。

3. 误差分析

比较步骤 2 中译码值与步骤 1 中的采样值，画出编、译码前后误差对比分析图。

提示：可以通过信号值比较，也可以采用画图方式比较。

4. 信号幅度对误差的影响

将原信号换为 x2(t)=512cos(2π * 450 * t)mv, x3(t)=4 096cos(2π * 450 * t)mv，重复步骤 1,2,3，对比其误差的不同。

5. Simulink 建模

搭建 PCM 编码和译码仿真电路(图 2-5.6)。

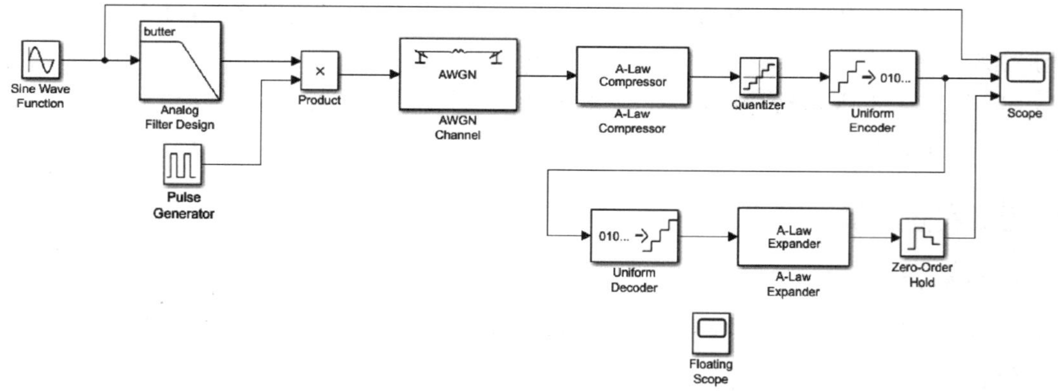

图 2-5.6　PCM 编码仿真电路图

(1) Analog Filter Design(滤波器)模块参数说明如表 2-5.5 所列。

表 2-5.5　Analog Filter Design 模块参数说明

参数	含义	数值
Filter type	滤波器类型	Lowpass(低通)
Passband edge frequency	滤波频率，单位为 rad/s	截止频率

（2）Pulse Generator 产生矩形脉冲，作用为采样。

（3）Product 为乘法器。

（4）A-Law Compressor（A 律压缩）模块参数说明如表 2-5.6 所列。

表 2-5.6　　A-Law Compressor 模块参数说明

参数	含义	数值
A value	A 律值	87.6
Peak signal magnitude	峰值大小	默认为 1

（5）Quantizer（量化）模块参数说明如表 2-5.7 所列。

表 2-5.7　　Quantizer 模块参数说明

参数	含义	数值
Quantization interval	量化间隔	默认为 1

（6）Uniform Encoder（编码器）模块参数说明如表 2-5.8 所列。

表 2-5.8　　Uniform Encoder 模块参数说明

参数	含义	数值
Peak	峰值	默认为 1
Bits	码位数	8

（7）Uniform Decoder 为解码器。

（8）A-Law Expander 为 A 律扩展。

（9）Zero-Order Hold 为零阶保持。

（10）Floating Scope（浮点示波器）模块参数设置如图 2-5.7 所示。

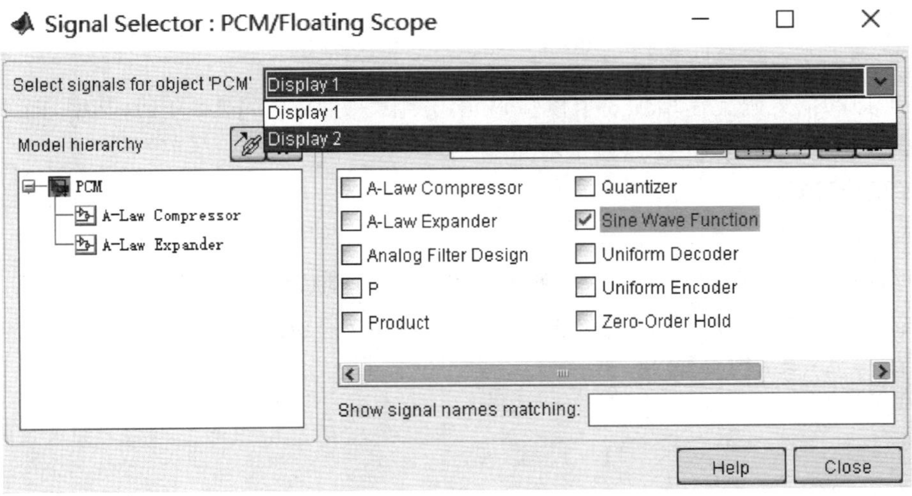

图 2-5.7　Floating Scope 模块参数设置

扫码查看实验五的更多信息

实验六 信道编码——线性分组码综合设计与实践

一、实验目的

(1) 通过实验掌握线性分组码中汉明码的编码原理、译码方法。

(2) 利用 MATLAB 函数模拟信道随机噪声导致误码。

(3) 了解线性分组码检错能力。

二、实验设备

MATLAB 仿真软件。

三、实验原理：线性分组码编译码

1. 线性分组码的定义

一个 $[n, k]$ 线性分组码，是将编码的信息流按每 k 位分为一组，每组为一个信息码元，即 $\boldsymbol{u}=(u_{k-1}\ u_{k-2}\ \cdots\ u_1\ u_0)$，通过编码器将信息变成长度为 n 个码元的一组 $\boldsymbol{c}=(c_{n-1}\ c_{n-2}\ \cdots\ c_1\ c_0)(n>k)$，即增加了 $n-k$ 位的校验码元（监督码元）。当分组码的信息码元与监督码元之间的关系为线性关系时（用线性方程组联系），这种分组码就称为线性分组码。

【例 2-6.1】 某(7,4)线性分组码按照下列线性方程组编码：

$$\begin{cases} a_2=a_6+a_5+a_4 \\ a_1=a_6+a_5+a_3 \\ a_0=a_6+a_4+a_3 \end{cases}$$

其信息位为 $(a_6\ a_5\ a_4\ a_3)$，监督位为 $(a_2\ a_1\ a_0)$。

一组为(1 0 1 1)的信息码元需增加 3 个校验码元，分组码变为(1 0 1 1 0 0 1)，其中，前 4 位为信息码元，后 3 位为监督码元（校验码元）。

2. 生成矩阵和校验矩阵

1）生成矩阵

根据线性分组码的定义，可以得出如下一种利用生成矩阵构成线性分组码的方法。信息码元为 $\boldsymbol{u}$ 时，定义矩阵 $\boldsymbol{G}$ 为该分组码的生成矩阵，使分组码 $\boldsymbol{c}=\boldsymbol{uG}$。

例 2-6.1 中的(7,4)码可以改写为

$$\begin{bmatrix} a_2 \\ a_1 \\ a_0 \end{bmatrix}=\begin{bmatrix} 1 & 1 & 1 & 0 \\ 1 & 1 & 0 & 1 \\ 1 & 0 & 1 & 1 \end{bmatrix}\begin{bmatrix} a_6 \\ a_5 \\ a_4 \\ a_3 \end{bmatrix}$$

转置后得到

$$[a_2 \quad a_1 \quad a_0]=[a_6 \quad a_5 \quad a_4 \quad a_3]\begin{bmatrix}1&1&1\\1&1&0\\1&0&1\\0&1&1\end{bmatrix}=\boldsymbol{uQ}$$

令 $\boldsymbol{G}=[\boldsymbol{I}_k\boldsymbol{Q}]=\begin{bmatrix}1&0&0&0&1&1&1\\0&1&0&0&1&1&0\\0&0&1&0&1&0&1\\0&0&0&1&0&1&1\end{bmatrix}$，即生成矩阵，其整个码组 $\boldsymbol{c}$ 满足

$$\boldsymbol{c}=[a_6 \quad a_5 \quad a_4 \quad a_3 \quad a_2 \quad a_1 \quad a_0]=[a_6 \quad a_5 \quad a_4 \quad a_3]\boldsymbol{G}=\boldsymbol{uG}$$

2）校验矩阵

为了在接收端进行正确的译码，可以定义一个对应于生成矩阵 $\boldsymbol{G}$ 的矩阵 $\boldsymbol{H}$，即校验矩阵或监督矩阵，$\boldsymbol{H}$ 满足 $\boldsymbol{GH}^{\mathrm{T}}=\boldsymbol{0}$ 或 $\boldsymbol{HG}^{\mathrm{T}}=\boldsymbol{0}$。

由 $\boldsymbol{c}=\boldsymbol{uG}$ 和 $\boldsymbol{GH}^{\mathrm{T}}=\boldsymbol{0}$ 得

$$\boldsymbol{cH}^{\mathrm{T}}=\boldsymbol{uGH}^{\mathrm{T}}=\boldsymbol{u}(\boldsymbol{GH}^{\mathrm{T}})=\boldsymbol{u0}=\boldsymbol{0} \text{ 或 } \boldsymbol{Hc}^{\mathrm{T}}=\boldsymbol{H}(\boldsymbol{uG})^{\mathrm{T}}=\boldsymbol{HG}^{\mathrm{T}}\boldsymbol{u}^{\mathrm{T}}=\boldsymbol{0u}^{\mathrm{T}}=\boldsymbol{0}$$

例 2-6.1 亦可写为

$$\begin{cases}a_6+a_5+a_4+a_2=0\\a_6+a_5+a_3+a_1=0\\a_6+a_4+a_3+a_0=0\end{cases}$$

$$\begin{bmatrix}1&1&1&0&1&0&0\\1&1&0&1&0&1&0\\1&0&1&1&0&0&1\end{bmatrix}[a_6\ a_5\ a_4\ a_3\ a_2\ a_1\ a_0]^{\mathrm{T}}=\begin{bmatrix}0\\0\\0\end{bmatrix}$$

即 $\boldsymbol{Hc}^{\mathrm{T}}=\boldsymbol{0}$

即监督矩阵 $$\boldsymbol{H}=\begin{bmatrix}1&1&1&0&1&0&0\\1&1&0&1&0&1&0\\1&0&1&1&0&0&1\end{bmatrix}$$

3）错误图样与伴随式

发送码组 $\boldsymbol{y}$ 是一个 n 列的行向量，$\boldsymbol{y}=[y_{n-1} \quad y_{n-2} \quad \cdots \quad y_1 \quad y_0]$，接收码组 $\boldsymbol{Y}$ 是一个 n 列的行向量，$\boldsymbol{Y}=[Y_{n-1} \quad Y_{n-2} \quad \cdots \quad Y_1 \quad Y_0]$，令接收码组与发送码组之差为 $\boldsymbol{Y}-\boldsymbol{y}=\boldsymbol{E}$（模 2），$\boldsymbol{E}=[e_{n-1} \quad e_{n-2} \quad \cdots \quad e_1 \quad e_0]$，$\boldsymbol{E}$ 就是错码的行向量，称为错误图样。$\boldsymbol{H}$ 为监督矩阵时，令 $\boldsymbol{S}=\boldsymbol{YH}^{\mathrm{T}}=(\boldsymbol{y}+\boldsymbol{E})\boldsymbol{H}^{\mathrm{T}}=\boldsymbol{yH}^{\mathrm{T}}+\boldsymbol{EH}^{\mathrm{T}}$，即接收序列的伴随式。当发送端未发生错误时，满足 $\boldsymbol{yH}^{\mathrm{T}}=\boldsymbol{0}$，则伴随式 $\boldsymbol{S}=\boldsymbol{EH}^{\mathrm{T}}$。

3. 线性分组码的编码

将信息码 $\boldsymbol{u}$ 与生成矩阵 $\boldsymbol{G}$ 相乘，得到的即为编码后的码字 $\boldsymbol{c}=\boldsymbol{uG}$。

4. 线性分组码的译码

确定校验矩阵 $\boldsymbol{H}$，接收到码字 $\boldsymbol{Y}$ 后，将 $\boldsymbol{Y}$ 与 $\boldsymbol{H}^{\mathrm{T}}$ 相乘，得到的 $\boldsymbol{S}$ 为零矢量，则为正确码字；如为非零，则认为码字发生了错误，可以通过请求发送端重发来纠正码字。针对译码得出的单比特错误，可以依据错误图样与对应伴随式关系判断错误位置，进行纠错。

如例 2-6.1 中发送端(1 0 1 1 0 0 1)的分组码在信道传输中 a_5 位置发生单比特错误，则接收端会接收到(1 1 1 1 0 0 1)的码字，即错误图样为 $\boldsymbol{e}=(0\ 1\ 0\ 0\ 0\ 0\ 0)$，此时接收序列对应伴随式为 $\boldsymbol{eH}^{\mathrm{T}}=(1\ 1\ 0)$。所以当检测发生单比特错误且对应伴随式为(1 1 0)时，可判断出 a_5 位置发生错误，令 $\boldsymbol{R}=\boldsymbol{Y}+\boldsymbol{e}$ 可实现 a_5 位置纠错。

四、实验内容

(1) 编码：选取合适的线性分组码的码方程式，对信源信息序列帧进行分割，每小块长度为码生成方程式的信息位长度，然后通过生成矩阵对信息码列进行编码，得到编码码字序列，作为信道的输入。

(2) 信道：根据信道的特征，模拟增加噪声。

(3) 译码：用校验矩阵对接收到的信息进行检错。

(4) 性能分析：比较加入的误码数和检测出的误码数，检验检错效果。

实验流程如图 2-6.1 所示。

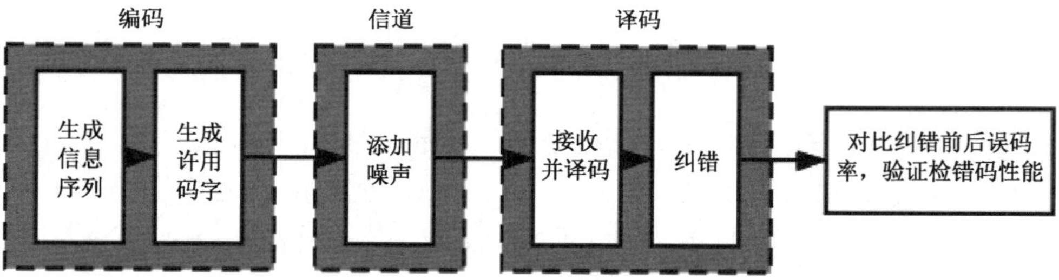

图 2-6.1　线性分组码的编译流程

五、实验步骤

(1) 随机生成 m (可取 50,100,1 000,10 000 等不同数值)组 3 位信息序列作为输入(可用 rand 函数)。

(2) 根据如下关系构建(7,3)汉明码，确定生成矩阵和监督矩阵，发送端采用生成矩阵对信息码列进行编码得到编码码字 $\boldsymbol{y}$。

$$\begin{cases} C_3=C_6+C_4 \\ C_2=C_6+C_5+C_4 \\ C_1=C_6+C_5 \\ C_0=C_5+C_4 \end{cases}$$

(3) 该编码序列 $\boldsymbol{y}$ 在信道上传时随机加入噪声[可用随机函数矩阵(rand 函数)],引起误码(0 误码为 1,或 1 误码为 0),得到接收端带噪声的码字 $\boldsymbol{Y}$,同时统计增加了误码的码组数 $\boldsymbol{A}$。

(4) 用校验矩阵 $\boldsymbol{H}$ 对接收端带有噪声的所有编码码字 $\boldsymbol{Y}$ 进行汉明译码,得到伴随式 $\boldsymbol{S}$,同时统计检查出来的错误码组数 $\boldsymbol{B}$。

(5) 比较加入的误码数和检测出的误码数,计算检错率 $\boldsymbol{B}/\boldsymbol{A}$,验证检错效果。

(6) 对于信道传输中的单比特错误,根据译码得到的伴随式 $\boldsymbol{S}$ 进行纠错,统计纠错之后的错误码组数 $\boldsymbol{C}$。

(7) 计算纠错率 $(1-\boldsymbol{C}/\boldsymbol{A})$,对比纠错前后的误码率。

(8) 修改信道的误码率为 0.01%,0.05%,0.1%,0.5%,1%,5%,对比分析其纠错前后的情况。

六、提示

1. 编码

以(7,4)汉明码为例。

已知 $\boldsymbol{G}=\begin{bmatrix}1&0&0&1&0&1&1\\0&1&0&1&0&1&0\\0&0&1&1&0&0&1\\0&0&0&0&1&1&1\end{bmatrix}$, $\boldsymbol{u}=[1\ 0\ 1\ 1]$,求 $\boldsymbol{c}$。

```
G=[1 0 0 1 0 1 1;0 1 0 1 0 1 0;0 0 1 1 0 0 1;0 0 0 0 1 1 1];  %生成矩阵
u=[1 0 1 1];  %信息码字
c=rem(u*G,2);  %生成码字
```

注意:(7,3)汉明码的生成矩阵按照步骤(2)所示生成方程式自行求出。

提示:u = round(rand(m, 3));　% 随机生成 m 组 3 位信息码

2. 增加噪声

```
    % [n, k]线性分组码
Y =rem( y+rand(m, n)>0.95,2 )  %添加 5%噪声
```

3. 译码

```
S=rem(Y*H',2);  %伴随式
```

判断误码:

```
temp = sum(abs(Y-y),2);
B = length(temp(temp~=0));
```

4. 纠错

【例 2-6.2】 已知发送端码字为 $\boldsymbol{y}$,接收端码字为 $\boldsymbol{Y}$,伴随式为 $\boldsymbol{S}$,纠正 a_3 位置单比特错误。

```
if(sum(abs(Y-y),2)==1)  %针对单比特错误
```

```
        if isequal(S,[1 0 0 0])  %伴随式判断
            R=Y+[0 0 0 1 0 0 0];  %加上错误图样进行纠错
            disp(['a3 位置发生错误 ']);
         …
        end
    end
    R = rem(R, 2);
```

扫码查看实验六
的更多信息

实验七　信道编码——CRC综合设计与实践

一、实验目的

（1）通过实验掌握循环冗余码（Cyclical Redundancy Check，CRC）生成多项式及编译码原理。

（2）通过编程方式，实现对输入数据帧进行 CRC 编码。

（3）通过 Simulink 建模方式实现 CRC 的编译码，对比分析纠检错性能。

二、实验设备

MATLAB 仿真软件及 Simulink 工具箱。

三、实验原理：CRC 编译码

1. CRC 编码原理

CRC 检验技术被广泛应用于测控及通信领域，其基本原理如下：利用线性编码理论，在发送端根据要传送的 k 位二进制码序列，以一定的规则产生一个校验用的 r 位监督码（即 CRC 码），并附在信息位后面，构成一个新的共 $(k+r)$ 位的二进制码序列数，最后发送出去。在接收端，根据信息码和 CRC 码之间所遵循的规则进行检验，以确定传送中是否出错。

该原理可以证明存在一个最高次幂为 $N-K=R$ 的多项式 $G(x)$。根据 $G(x)$ 可以生成 K 位信息的校验码，而 $G(x)$ 叫作这个 CRC 码的生成多项式。

校验码的具体生成过程如下：假设发送信息用信息多项式 $M(x)$ 表示，将 $C(x)$ 左移 R 位，则可表示成 $M(x)*2^R$，这样 $C(x)$ 的右边就会空出 R 位，这就是校验码的位置。通过 $M(x)*2^R$ 除以生成多项式 $G(x)$ 得到的余数就是校验码。

通用 CRC 编码器根据输入的一帧数据计算得到这帧数据的循环冗余码，并且把这个循环冗余码附加到帧数据后面，形成输出数据流。如果通用 CRC 编码器的输入数据的帧长度等于 n，生成多项式的最高次数等于 r，对每帧数据产生 k 个校验和（CHECKSUM），则 CRC 编码器的工作流程如下：

（1）把输入的一帧数据等分成 k 个部分，每个部分的长度是 n/k。

（2）在每个部分的数据后面添加 r 个二进制位（并且这 r 个二进制位的数值等于通用 CRC 编码器的初始状态），得到二进制序列 S。

（3）计算循环冗余码 C_i。

（4）把循环冗余码 C_i 添加到 W_i 的后面，得到二进制序列。

（5）把所有的序列连接起来形成数据帧。

2. CRC 译码原理

当接收码组没有错码时，接收码组 $R(x)$ 必定能被 $G(x)$ 整除，即 $R(x)/G(x)=Q(x)+r(x)/G(x)$ 中余项 $r(x)$ 应为零；否则，有误码。

四、实验内容

（1）设计一个传输系统，系统包括信源部分、信道部分和信宿检测部分。

（2）读取数据文件中的源信息序列 M，用 CRC 生成方程式 $G(x)=[1\ 0\ 0\ 0\ 1\ 0\ 0\ 0\ 0\ 0\ 0\ 1\ 0\ 0\ 0\ 0\ 1]$ 生成源信息后的校验码序列，合成后形成发送信息序列 S。

（3）模拟信道噪声导致误码叠加到发送序列上，得到接收序列 R。

（4）对 R 序列进行 CRC 校验，判断其是否有误并进行查错、纠错。

（5）修改信道的误码率为 0.01%，0.05%，0.1%，0.5%，1%，5%，对比分析其纠错前后的情况。

五、实验步骤

1. 通过 MATLAB 程序实现 CRC 编译码

CRC 编译码流程如图 2-7.1 所示。

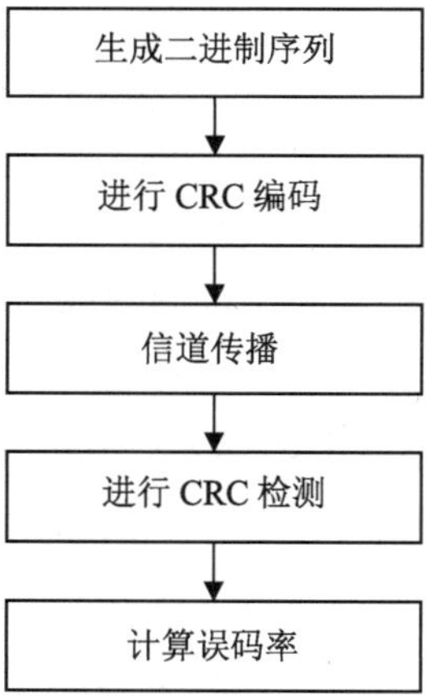

图 2-7.1　CRC 编译码流程

1）编码

（1）初始化 msg 和 CRC-16　G(x)= [1 0 0 0 1 0 0 0 0 0 0 1 0 0 0 0 1]的值。

（2）对序列 msg 左移补零。

（3）对多项式左除，返回余数。

（4）对除法的余数做模 2 运算，得到 CRC 校验码。

（5）在原序列后面加上 CRC 校验码。

2）CRC 校验

（1）对给定信息码与多项式左除，返回余数。

(2) 对余数做模 2 运算。

(3) 判断余数与表 2-7.1 中的数值是否相等。

表 2-7.1　　　　CRC16 错误图样

数据单比特出错序号	CRC 计算值(二进制)
0	0 0 0 1 0 0 0 0 0 0 1 0 0 0 0 1
1	0 0 1 0 0 0 0 0 0 1 0 0 0 0 1 0
2	0 1 0 0 0 0 0 0 1 0 0 0 0 1 0 0
3	1 0 0 0 0 0 0 1 0 0 0 0 1 0 0 0
4	0 0 0 1 0 0 1 0 0 0 1 1 0 0 0 1
5	0 0 1 0 0 1 0 0 0 1 1 0 0 0 1 0
6	0 1 0 0 1 0 0 0 1 1 0 0 0 1 0 0
7	1 0 0 1 0 0 0 1 1 0 0 0 1 0 0 0
8	0 0 1 1 0 0 1 1 0 0 1 1 0 0 0 1
9	0 1 1 0 0 1 1 0 0 1 1 0 0 0 1 0
10	1 1 0 0 1 1 0 0 1 1 0 0 0 1 0 0
11	1 0 0 0 1 0 0 1 1 0 1 0 1 0 0 1
12	0 0 0 0 0 0 1 1 0 1 1 1 0 0 1 1
13	0 0 0 0 0 1 1 0 1 1 1 0 0 1 1 0
14	0 0 0 0 1 1 0 1 1 1 0 0 1 1 0 0
15	0 0 0 1 1 0 1 1 1 0 0 1 1 0 0 0

(4) 返回结果。

3) 对比

从下列几个中选择一个，替换 CRC 码生成多项式：

(1) CRC−CCITT$=X^{16}+X^{12}+X^{5}+1$，HDLC 高级数据链路控制。

(2) CRC16$=X^{16}+X^{15}+X^{2}+1$，二进制同步系统，帧中继。

(3) CRC12$=X^{12}+X^{11}+X^{3}+X^{2}+1$。

(4) CRC32$=X^{32}+X^{26}+X^{23}+X^{22}+X^{16}+X^{12}+X^{11}+X^{10}+X^{8}+X^{7}+X^{5}+X^{4}+X^{2}+X^{1}+1$。以太网，令牌环，FDDI。

2. 通过 Simulink 实现 CRC 编译码

1) 系统建模

通过 Simulink 实现 CRC 编译码的仿真电路如图 2-7.2 所示。

2) 各个模块的功能及参数设置

(1) Bernoulli Binary Generator(贝努利二进制序列生成器)是一个二进制序列生成器，参数说明如表 2-7.2 所列。

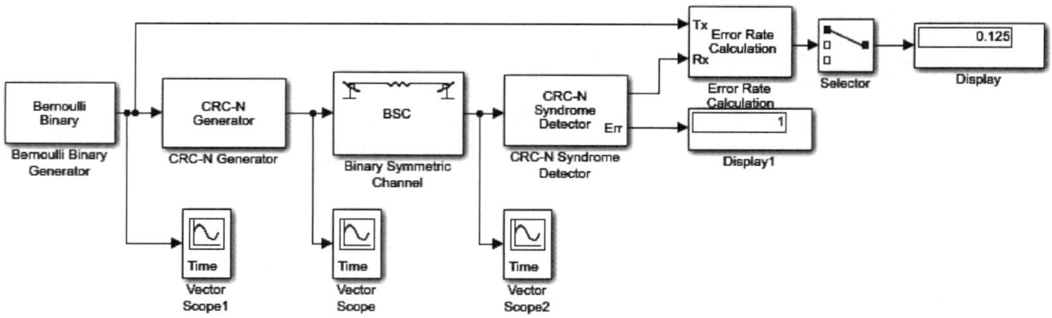

图 2-7.2　CRC 编译码仿真电路图

表 2-7.2　　Bernoulli Binary Generator 模块参数说明

参数名称	参数含义	参数值
Probability of a zero	序列中出现 0 的概率	0.3
Samples per frame	帧的长度	16
Sample time	采样时间	1

(2) CRC-N Generator(CRC 编码器)用来对输入帧进行 CRC 编码,参数说明如表2-7.3 所列。CRC-N Method 有 6 种生成多项式,如表 2-7.4 所列。

表 2-7.3　　CRC-N Generator 模块参数说明

参数名称	参数含义	参数值
CRC-N Method	生成多项式模式	CRC-16

表 2-7.4　　CRC-N Method 生成多项式

模式	生成多项式	位数
CRC-32	$X^{32}+X^{26}+X^{23}+X^{22}+X^{16}+X^{12}+X^{11}+X^{10}+X^{8}+X^{7}+X^{5}+X^{4}+X^{2}+X+1$	32
CRC-24	$X^{24}+X^{23}+X^{14}+X^{12}+X^{8}+1$	24
CRC-16	$X^{16}+X^{15}+X^{2}+1$	16
Reversed CRC-16	$X^{16}+X^{14}+X+1$	16
CRC-8	$X^{8}+X^{7}+X^{6}+X^{4}+X^{2}+1$	8
CRC-4	$X^{4}+X^{3}+X^{2}+X+1$	4

(3) Binary Symmetric Channel(二进制对称信道)模块参数说明如表 2-7.5 所列。

表 2-7.5　　Binary Symmetric Channel 模块参数说明

参数名称	参数含义	参数值
Error probability	出错概率	0.1
Initial seed	随机数起始位置	71(任意)

(4) CRC-N Syndrome Detector(检测器)模块参数说明如表 2-7.6 所列。

表 2-7.6　　CRC-N Syndrome Detector 模块参数说明

参数名称	参数含义	参数值
CRC-N Method	生成多项式模式	CRC－16

（5）Error Rate Calculation（错误率统计）模块分别从发送端和接收端接收数据并进行比较，得出误码率，其参数说明如表 2-7.7 所列。

表 2-7.7　　Error Rate Calculation 模块参数说明

参数名称	参数含义	参数值
Computation mode	计算模式	Entire frame
Output data	数据输出模式	Port

（6）Selector（选择器）模块参数说明如表 2-7.8 所列。

表 2-7.8　　Selector 模块参数说明

参数名称	参数含义	参数值
Number of input dimensions	输入维度	1
Index	输出索引	[1]

六、提示

1. 编码

（1）conv：多项式相乘。c=conv(a,b)；　%c 表示结果的系数

（2）deconv：多项式相除。[divid，remainder]=deconv(a,b)；

　　%divid 表示商系数，remainder 表示余数系数。

2. 检错

任何形式的码多项式 [$C(x)$ ＋校验码] 都能被 $G(x)$ 整除。

接收码组为 $R(x)$，生成多项式 $G(x)$，如果没有错误，则 $R(x)$ 能被 $G(x)$ 整除；如果有错误，则 $R(x)$ 不能被 $G(x)$ 整除。

扫码查看实验七的更多信息

第三章
数字信息传输

实验八　数字基带传输——基带信号码型及特性分析

一、实验目的

(1) 理解基于 MATLAB 的数字基带信号各种码型(NRZ,BNRZ,RZ,BRZ)的产生。

(2) 掌握二进制数字基带信号各种码型的基本参数,如速率、码宽、周期等。

(3) 熟悉基带信号的时域和频域特征、信号带宽与码速率的关系。

(4) 认识高斯白噪声,了解其时域特征、频域特征以及概率密度函数。

二、实验设备

MATLAB 仿真软件及 Simulink 工具箱。

三、实验原理:数字基带信号码型及信号频谱

1. 基带信号码型

各种类型的信源通过信源和信道编码后形成二进制数字序列逻辑信号,数字基带信号中码元波形通常采用矩形脉冲,因为矩形脉冲序列的码型变换可以很方便地借助于数字电路和逻辑设计来实现。根据信号特征的不同,二进制数字基带信号基本码型有以下 4 种(图 3-8.1)。

(1) 单极性不归零码(NRZ):数字序列的代码“0”用零电平表示,代码“1”用幅度为 E 的正电平表示,并且每个码元持续时间等于码元之间的间隔时间 T。

(2) 双极性不归零码(BNRZ):二进制代码“1”“0”分别用幅度相等的正负电平表示,码元持续时间为 T_b,等于码元间隔时间 T。

(3) 单极性归零码(RZ):单极性归零码与单极性不归零码的区别是码元宽度小于码元间隔,每个码元脉冲在下一个码元到来之前回到零电平,即码元持续时间 T_b 小于间隔时间 T。

(4) 双极性归零码(BRZ):它是双极性码的归零形式,每个码元脉冲在下一个码元到来之前回到零电平。

有时为了提高频带利用率，还可以采用多进制码（多元码）。以四进制不归零码为例，单极性四进制码只有正电平（即 E_0，E_1，E_2，E_3 四个电平），而双极性四进制码是正、负电平（即 E_{-2}，E_{-1}，E_{+1}，E_{+2} 四个电平）。

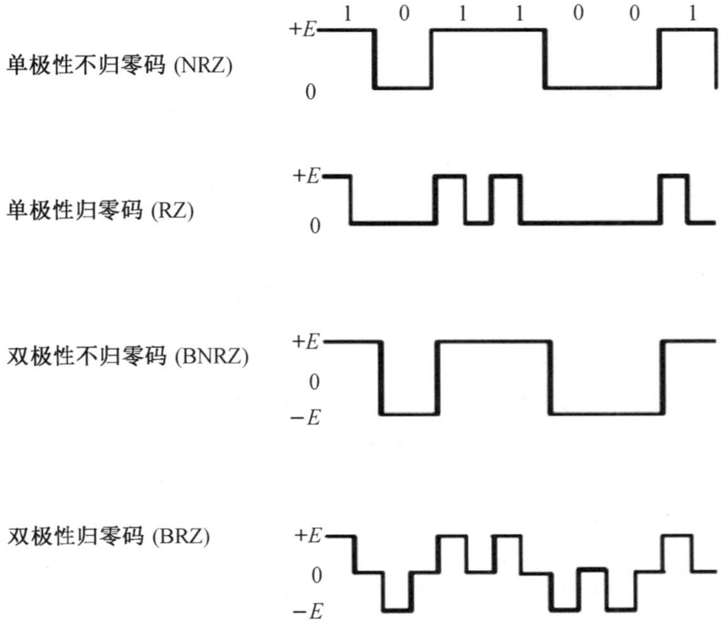

图 3-8.1　二进制数字基带信号基本码型

2. 信号频谱（能量谱、功率谱）

任一信号只要符合一定条件，都可以看作是一系列不同频率的正弦（或余弦）分量的线性叠加；每一个特定频率的正弦分量都有它相应的幅度和相位。因此，对于一个信号，它的各分量的幅度和相位分别是频率的函数；或者合起来，它的复数幅度是频率的函数。这种幅度（或相位）关于频率的函数，就称为信号的频谱。当把信号频谱，即幅度（或相位）关于频率的变化关系用图来表示，就形成频谱图。从频谱图上，既可以看到这个周期信号由哪些频率的谐波分量（正弦分量）组成；也可以看到各个谐波分量的幅度，它们的相对大小就反映了各谐波分量对信号贡献的大小或所占比重的大小。

因此，信号既可以用时间函数来表示，又可以用频率函数来表示。前者称为信号的时域表示法，后者称为信号的频域表示法。无论是时域（时变函数）还是频域（频谱），都可以全面地描述一个信号。因此，经常需要把信号的表述从时域变换到频域，或者从频域变换到时域。这种转换关系可以通过傅里叶级数和傅里叶变换实现。因此，信号的频谱既包含很强的数学理论——涉及傅里叶变换、傅里叶级数等，又具有明确的物理含义——包括谐波构成、幅频相频等。

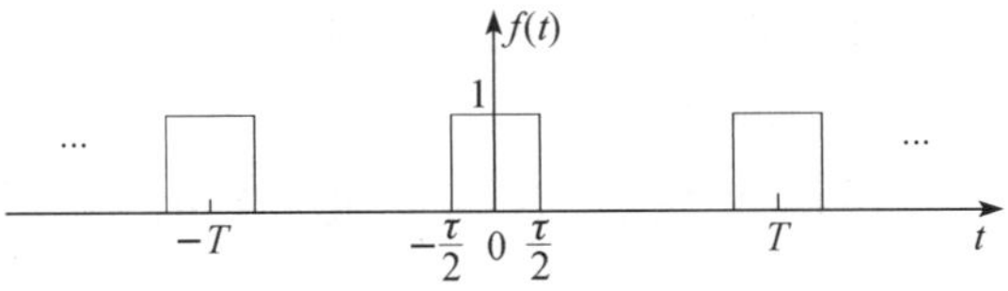

图 3-8.2　脉冲矩形信号示意

矩形脉冲信号如图 3-8.2 所示。

其傅里叶变换为

$$\dot{F}_n=\frac{1}{T}\int_{-\frac{\tau}{2}}^{\frac{\tau}{2}}\mathrm{e}^{-\mathrm{j}n\Omega t}\mathrm{d}t=\frac{1}{T}\cdot\frac{\mathrm{e}^{-\mathrm{j}n\Omega t}}{-\mathrm{j}n\Omega}\bigg|_{-\frac{\tau}{2}}^{\frac{\tau}{2}}=\frac{2}{T}\cdot\frac{\sin\frac{n\Omega\tau}{2}}{n\Omega}=\frac{\tau}{T}\cdot\frac{\sin\frac{n\Omega\tau}{2}}{\frac{n\Omega\tau}{2}}\quad(n=0,\pm1,\pm2,\cdots)\tag{3-8.1}$$

$Sa(x)=\frac{\sin x}{x}$ 为抽样函数,为偶函数。当 $x\to0$ 时,$Sa(0)=1$ 的频谱为

$$\dot{F}_n=\frac{\tau}{T}Sa\left(\frac{n\Omega\tau}{2}\right)(n=0,\pm1,\pm2,\cdots)\tag{3-8.2}$$

其中,$\Omega=\frac{2\pi}{T}$ 为基波频率,$\dot{F}_n$ 在 $\omega=n\Omega$ 处有值,称为谱线;$Sa\left(\frac{\omega\tau}{2}\right)$ 为包络线,在 $\frac{\omega\tau}{2}=m\pi$ 处为零。

下面分析当码元宽度 τ 和周期 T 变化时,信号频谱的特征。

1) 周期 T 不变,脉冲宽度 τ 变化(图 3-8.3)

(1) 当 $\tau=\frac{T}{4}$,$\dot{F}_n=\frac{\tau}{T}Sa\left(\frac{n\pi\tau}{T}\right)=\frac{1}{4}Sa\left(\frac{n\pi}{4}\right)$ 时,第一个过零点为 $n=4$。基波频率(谱线间隔)$\Omega=\frac{2\pi}{T}$,第一个过零点:$Sa\left(\frac{\omega\tau}{2}\right)=0$,$\frac{\omega\tau}{2}=\pi$,$\omega=\frac{2\pi}{\tau}=4\Omega$。

(2) 当 $\tau=\frac{T}{8}$,$\dot{F}_n=\frac{\tau}{T}Sa\left(\frac{n\pi\tau}{T}\right)=\frac{1}{8}Sa\left(\frac{n\pi}{8}\right)$ 时,第一个过零点为 $n=8$。脉冲宽度减小至一半,谱线间隔不变,$\Omega=\frac{2\pi}{T}$ 幅值减小至一半,第一个过零点增加一倍。

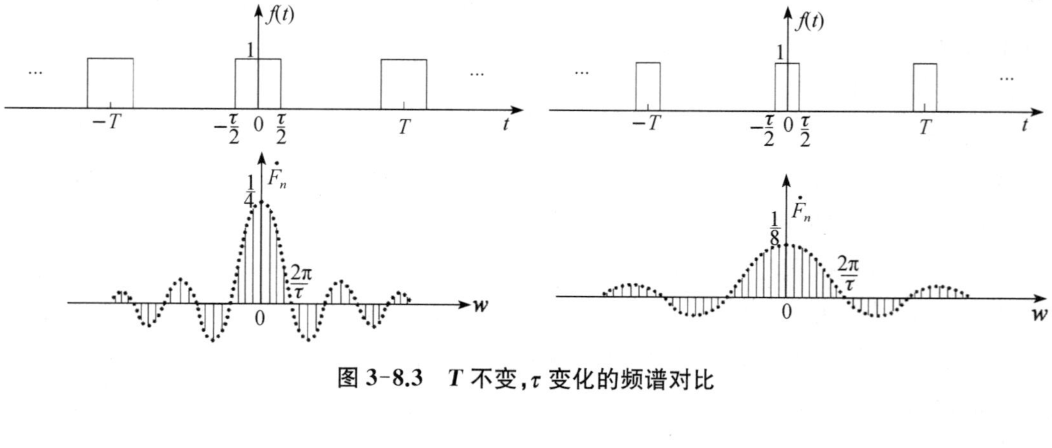

图 3-8.3　T 不变,τ 变化的频谱对比

由此可见,当 τ 由大变小时,$\dot{F}_n$ 的第一个过零点频率增大,频谱的幅度变小。由于 T 不变,谱线间隔不变。

2) 脉冲宽度 τ 不变,周期 T 变化(图 3-8.4)

(1) $T=4\tau$ 时,基波频率(谱线间隔)$\Omega=\frac{2\pi}{T}=\frac{\pi}{2\tau}$,第一个过零点 $\omega=\frac{2\pi}{\tau}$,幅值 $F_0=$

$\frac{\tau}{T}Sa(0)=\frac{1}{4}$。

（2）$T=8\tau$ 时，基波频率（谱线间隔）$\Omega=\frac{2\pi}{T}=\frac{\pi}{4\tau}$，第一个过零点 $\omega=\frac{2\pi}{\tau}$，幅值 $F_0=\frac{\tau}{T}Sa(0)=\frac{1}{8}$。因此，当周期 T 扩大一倍，谱线间隔减小至一半，幅值减小至一半，第一个过零点不变。

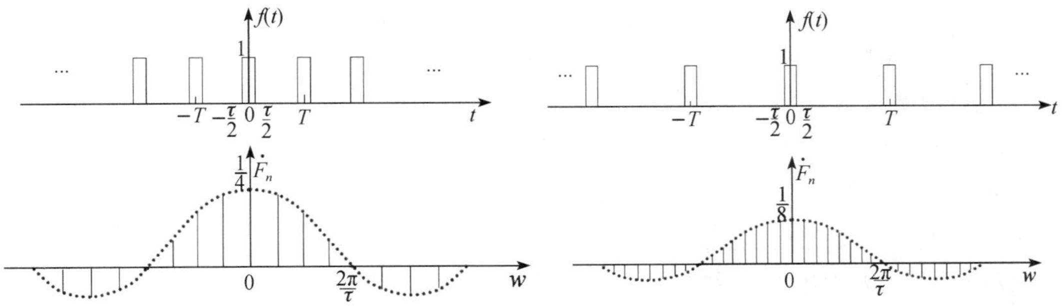

图 3-8.4　T 变化，τ 不变的频谱对比

由此可见，当 τ 不变时，$\dot{F}_n$ 的第一个过零点频率不变，带宽不变，即 $\omega=\frac{2\pi}{\tau}$，$\Delta f=\frac{1}{\tau}$。当 T 由小变大时，谐波频率成分丰富，并且频谱的幅度变小。当 $T\to\infty$ 时，基波频率（谱线间隔）$\Omega\to 0$，这时，周期信号→非周期信号，离散频谱→连续频谱。

四、实验内容

（1）矩形脉冲频谱分析。观察码型产生与特征参数，对二进制 1,0 交替逻辑序列（1 0 1 0 1 0 1 0）产生 NRZ，BNRZ，RZ，BRZ 码型，修改码元周期 T（码速率）、占空比（码元宽度 τ）、码元幅度 E 等参数，观察其频谱。

（2）单极性、双极性不归零码误差特性分析，对比不同的信号功率和噪声功率情况。

五、实验步骤

1. 码型产生与对比

根据单极性不归零码（NRZ）、双极性不归零码（BNRZ）、单极性归零码（RZ）、双极性归零码（BRZ）的特点，按照码型生成的一般步骤进行实验。

（1）初始化每个码元的采样数 L、码元个数 M、总采样点数 N、码元速率 Rb、码元间隔 Ts、时域截断时间 T、采样频率 fs。其中，N＝M * L，T＝M * Ts，Ts＝1/Rb，fs＝N/T。默认设置每个码元的采样数 L＝64，码元个数 M＝256，总采样点数 N＝2^{14}。

（2）初始化比特流，随机产生 M 个符号，S＝round(rand(1,M))。

（3）设置 E1，E0 电平，设置占空比。

(4) 取 20 次样值,进行傅里叶变换并计算出功率谱密度。

(5) 采用累计平均法进行柔和处理。

(6) 绘制时域图和功率谱密度图。

实验要求对单极性不归零码(NRZ)、双极性不归零码(BNRZ)、单极性归零码(RZ)、双极性归零码(BRZ),修改码元速率(1 kbps,2 kbps)、占空比参数(50%,100%),分别绘制每个码型的时域图和功率谱密度图,并进行对比分析。

2. 单极性、双极性不归零码误差特性分析

1) 随机噪声

产生一个在(0,1)上均匀分布的白噪声信号 u(n),画出其波形,并检验其分布[可通过绘制直方图观察分布,绘制直方图函数为 histogram()]。

axis([x1 x2 y1 y2]):用于设置输出图线的坐标范围。

rand():用于产生均匀分布的随机数。

randn():用于产生标准正态分布的随机数。

2) 噪声叠加及误码率计算

随机产生 10^6 个二进制信息数据,采用双极性码,映射为±A。随机产生高斯噪声(要求 A/σ 为 0~12 dB),叠加在发送信号上,直接按判决规则进行判决,然后与原始数据进行比较,统计出错的数据量,与发送数据量相除得到误码率。画出 A/σ 和误码率之间的性能曲线,并与理论误码率曲线相比较(图 3-8.5)。

提示:sign(); %符号函数,输入正数返回 1,负数返回-1

semilogy(); %绘图函数,纵坐标为以 10 为底的对数

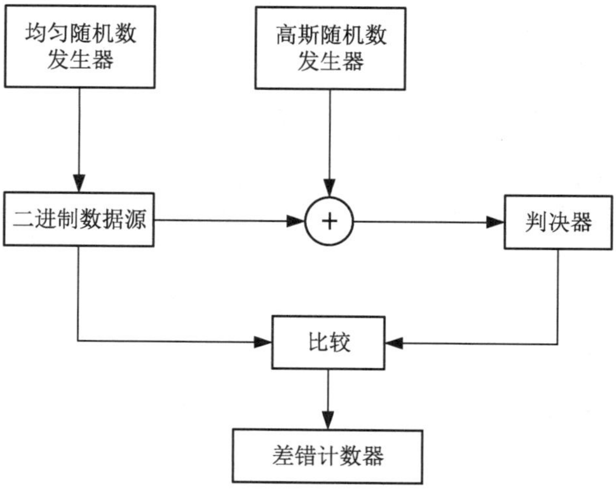

图 3-8.5 二进制信息的差错比较原理

3) Simulink 仿真

基于 Simulink 搭建信号传输仿真项目(图 3-8.6),对码型序列输入波形、经信道传输得到的输出波形进行对比观察,并输出误码率结果。

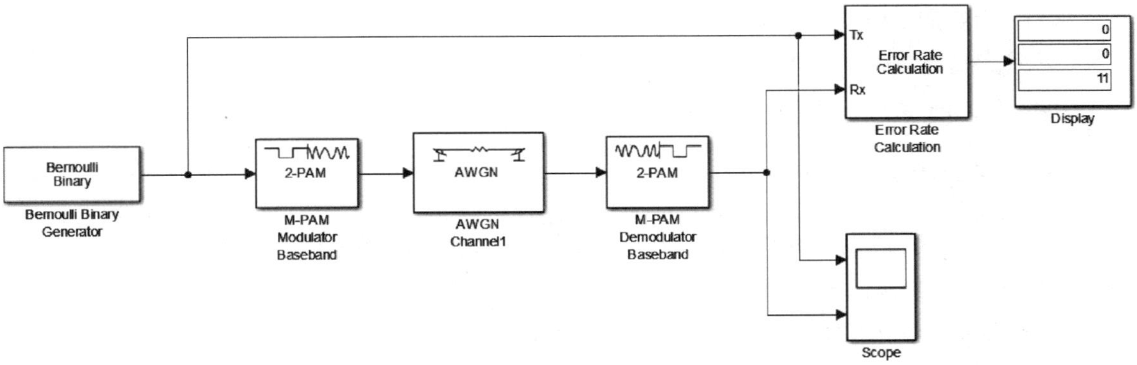

图 3-8.6 Simulink 信号传输仿真框图

通过改变信道 AWGN 模块的信噪比，观察输入波形、输出波形和误码率的变化，并对其进行对比分析。

六、重点提示

1. MATLAB 的功率谱计算

将 N 点的有限长序列分段求周期图再进行平均。将信号序列分为 x 段，对每段序列进行傅里叶变换（即频谱），然后取频谱与其共轭的乘积，得到功率谱的估计，采用累计平均法进行柔和处理。

```
%将时域信号通过傅里叶变换到频域，x 是二阶的矩阵，dt 是信号的时域分辨率
function X=t2f(x,dt)
    X=fftshift(fft(x))*dt;
%进行傅里叶变换并计算出功率谱密度
NRZ=t2f(nrz,dt);
P=NRZ.*conj(NRZ)/T;
%求功率谱密度的均值
nrz_EP=(EP*(x-1)+P)/x;
```

2. 信噪比

当信噪比的计量单位为 dB 时，其计算公式是 10lg(Ps/Pn)，其中，Ps 和 Pn 分别代表信号和噪声的有效功率，也可以换算成电压幅值的比率关系：20lg(Vs/Vn)，其中，Vs 和 Vn 分别代表信号和噪声电压的“有效值”。

$$SNR=10\lg(Ps/Pn)$$

$$SNR=20\lg(Vs/Vn)$$

```
Snr_A_sigma = 10.^(Snr_A_sigma_dB/20);
%信噪比单位为 dB，计算电压幅值比值时需要换算
rk=a+sigma(n)*randn(1,N);
%randn()产生标准正态分布的随机数，高斯噪声的概率密度函数再乘以幅度
```

```
%rk 为叠加了噪声后的信号
%理论误码率
ber_Theory=1/2 * erfc(sqrt(Snr_A_sigma.^2/2));
```

七、拓展思考

(1) 基带传输码型的频带带宽与码元宽度、码元周期的关系是什么?

(2) 高斯白噪声的信号时域、频域特点是什么? 其概率密度分布函数是什么?

(3) 信号功率、信道噪声对传输误码率的影响是什么?

扫码查看实验八
的更多信息

实验九　数字基带传输——信道传输性能与眼图观测

一、实验目的

(1) 掌握信道带宽对基带传输性能的影响。

(2) 熟悉升余弦传输特性的信道时域响应特征。

(3) 熟悉眼图的观测方法，能够识别其基本特征和传输性能。

二、实验设备

MATLAB 仿真软件及 Simulink 工具箱。

三、实验原理：信道特性及无码间串扰传输

1. 信道特性

信道的特性包括带宽、容量、衰减、延迟和噪声等，本实验重点关注衰减和带宽。

1) 信道衰减

信号在传输介质中传播时，将会有一部分能量转化成热能或者被传输介质吸收，从而造成信号强度不断减弱，这种现象被称为衰减。信号衰减是通信传输的一个重要特征。信号的衰减特性与传输媒介有关系，如果传输媒介基本不随时间变化，则属于恒参信道，如电缆(对称电缆、同轴电缆等)、光纤都属于恒参信道。信号在电缆中传输时，其衰减与电缆的长度成正比，电缆越长，衰减越大。通常用单位长度上信号功率变化来表示电缆的衰减，其单位为“dB/m”或“dB/100 m”。发送设备及接收设备的灵敏度确定后，线路的允许衰减就确定了。线路衰减越小，通信距离就越长。

2) 信道带宽

信道包括模拟信道和数字信道。在模拟信道中，带宽又称为频宽，以赫兹(Hz)为单位，按照公式 $W=f_2-f_1$ 计算，其中，f_1 是信道能够通过的最低频率，f_2 是信道能够通过的最高频率，二者都是由信道的物理特性决定的，当组成信道的电路制成了，信道的带宽就确定了。数字信道的带宽为信道能够达到的最大数据传输速率，二者可通过香农定理互相转换。

信号的有效带宽是信号频率特性中的重要指标，具有实际应用意义。在信号的有效带宽内，集中了信号的绝大部分谐波分量。换句话说，若信号丢失有效带宽以外的谐波成分，不会对信号产生明显影响。同样，任何系统都有其有效带宽。当信号通过系统时，信号与系统的有效带宽必须匹配。若信号的有效带宽大于系统的有效带宽，则信号通过该系统时，就会损失许多重要成分而产生较大失真；若信号的有效带宽远小于系统的有效带宽，则信号可

以顺利通过，但对系统资源是巨大的浪费。

2. 无码间串扰传输

1）码间串扰定义

码间串扰是由于系统传输特性不理想，导致前后码元的波形畸变、展宽，并使前面的波形出现很长的拖尾，蔓延到当前码元的抽样时刻上，从而对当前码元的判决造成干扰。

直方脉冲的波形在时域内比较尖锐，因而在频域内占用的带宽是无限的。如果让这个脉冲经过一个低通滤波器，即让它的频率变窄，那么它在时域内就一定会变宽。因为脉冲是一个序列，这样相邻的脉冲就会相互干扰，这种现象被称为码间串扰（Inter Symbol Interference，ISI）。信道总是带限的，带限信道对通过的脉冲波形进行拓展。当信道带宽远大于脉冲带宽时，脉冲的拓展很小；当信道带宽接近信号的带宽时，拓展将会超过一个码元周期，造成信号脉冲的重叠，即码间串扰。

2）消除码间串扰的基本思路

由于数字信息序列是随机的，无法通过接收滤波器输出的抽样信号中的各项相互抵消使码间串扰为零，这就需要对基带传输系统的总传输特性 $h(t)$ 的波形提出要求。如果相邻码元的前一个码元的波形到达后一个码元抽样判决时刻已经衰减到 0，就能满足要求。这就是消除码间串扰的基本思路。但是，这样的波形不易实现，因为现实中的 $h(t)$ 波形有很长的“拖尾”，也正是每个码元的“拖尾”造成了对相邻码元的串扰。

3）无码间串扰的条件

只要基带传输系统的冲激响应波形 $h(t)$ 仅在本码元的抽样时刻上有最大值，并在其他码元的抽样时刻上均为 0，就可消除码间串扰（图 3-9.1）。即若对 $h(t)$ 在时刻 $t=kT_s$（这里假设信道和接收滤波器所造成的延迟 $t_0=0$）抽样，则有式（3-9.1）成立。

$$h(kT_s)=\begin{cases}1, & k=0\\ 0, & k\ \text{为其他整数}\end{cases} \tag{3-9.1}$$

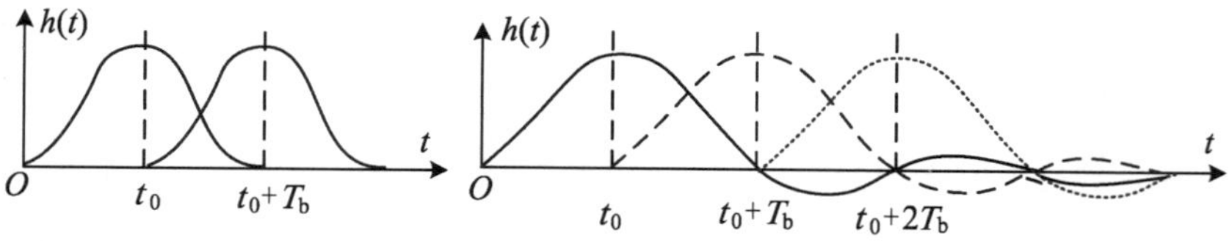

图 3-9.1　无码间串扰冲激响应波形

式（3-9.1）称为无码间串扰的时域条件，也称奈奎斯特第一准则，即若 $h(t)$ 的抽样值除了在 $t=0$ 时不为 0 外，在其他所有抽样点上均为 0，就不存在码间串扰。

4）无码间串扰的传输特性设计

（1）理想低通特性。

当 $h(t)=\pm kT_s(k\neq 0)$ 时有周期性零点，当发送序列的时间间隔为 T_s 时，正好巧妙地利用了这些零点，只要接收端在 $t=kT_s$ 时间点上抽样，就能实现无码间串扰。

$$H_1(\omega)=\begin{cases}T_b, & |\omega|<\dfrac{\pi}{T_b}\\ 0, & \text{其他}\end{cases}\tag{3-9.2}$$

$$h_1(t)=F^{-1}[H_1(\omega)]=\frac{1}{2\pi}\int_{-\infty}^{\infty}H_1(\omega)e^{j\omega t}d\omega=Sa\left[\frac{\pi}{T_b}(t-t_d)\right]\tag{3-9.3}$$

令人遗憾的是，虽然理想低通传输特性达到了基带系统的极限传输速率和极限频带利用率，但是这种特性在物理上是无法实现的。此外，它的冲激响应 $h(t)$ 作为传输波形仍然是不适宜的。

(2) 余弦滚降特性。

为了解决理想低通特性存在的问题，可以使理想低通滤波器特性的边沿缓慢下降，这被称为滚降。只要 $H(\omega)$ 在滚降段中心频率处呈奇对称的振幅特性，就必然可以满足奈奎斯特第一准则，从而实现无码间串扰传输。这种设计如图 3-9.2 所示，可看成是理想低通特性以奈奎斯特带宽为中心按奇对称条件进行滚降的结果。ω_N 为理想低通带宽，也被称为奈氏带宽，只要 $H_1(\omega)$ 正、负频域部分分别关于(ω_N, 0) 和($-\omega_N$, 0) 对称，就可以产生滚降，$\alpha=\omega_r/\omega_N$ 为滚降系数($0\leqslant\alpha\leqslant1$)，当 $\alpha=0$ 时，就是理想低通特性。

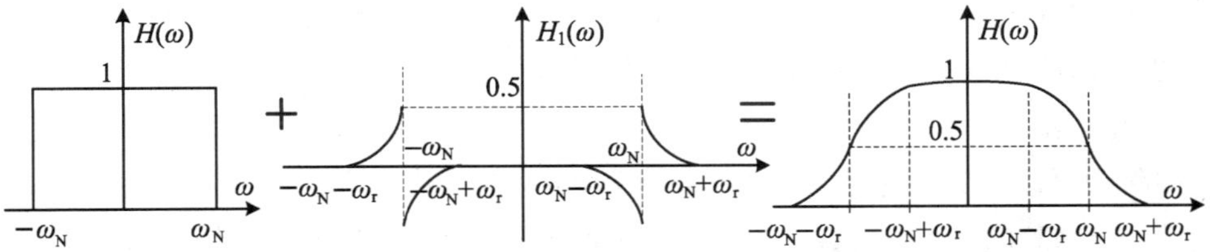

图 3-9.2　理想低通特性以奈奎斯特带宽为中心按奇对称条件进行滚降

$$H(\omega)=\begin{cases}T_b, & |\omega|\leqslant\omega_N(1-\alpha)\\ \dfrac{T_b}{2}\left[1+\sin\dfrac{T_b}{2\alpha}(\omega_N-\omega)\right], & (1-\alpha)\omega_N<|\omega|<(1+\alpha)\omega_N\\ 0, & |\omega|>(1+\alpha)\omega_N\end{cases}\tag{3-9.4}$$

其冲激响应

$$h(t)=Sa(\pi t/T_b)\frac{\cos(\alpha\pi t/T_b)}{1-4\pi^2t^2\alpha^2/T_b^2}\tag{3-9.5}$$

不同滚降系数下的冲激响应如图 3-9.3 所示。

当 $\alpha=1$ 时为升余弦特征，因此，其频带宽是理想低通系统的 2 倍。

$$H_2(\omega)=\begin{cases}\dfrac{1}{2}T_b\left(1+\cos\dfrac{\omega T_b}{2}\right), & |\omega|<\dfrac{2\pi}{T_b}\\ 0, & |\omega|>\dfrac{2\pi}{T_b}\end{cases}\tag{3-9.6}$$

$$h_2(t)=F^{-1}[H_2(\omega)]=\frac{\sin\left(\frac{\pi}{T_b}t\right)}{\frac{\pi}{T_b}t}\cdot\frac{\cos\left(\frac{\pi}{T_b}t\right)}{1-\frac{t^2}{4T_b^2}} \tag{3-9.7}$$

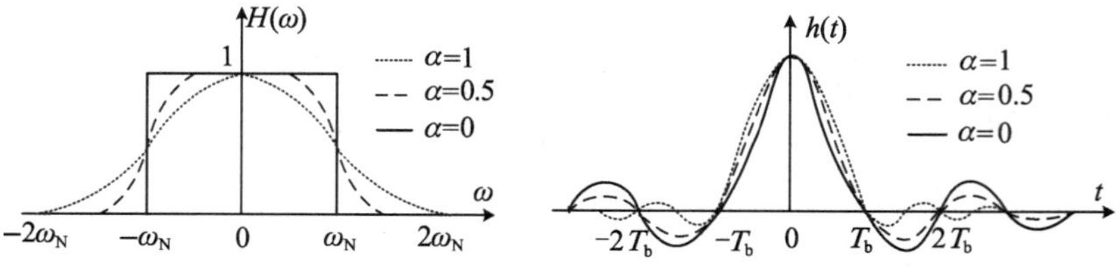

图 3-9.3　不同滚降系数下的冲激响应

3. 眼图观测

解调后接收滤波器输出的基带信号，以码元时钟作为同步信号，基带信号的一个或少数码元周期被反复扫描在示波器屏幕上所显示的波形称为眼图。干扰和失真所产生的传输畸变可以在眼图上清楚地显示出来。二进制信号波形很像人的眼睛，故被称为眼图。

在通信系统中，通常利用眼图方法估计和改善（调整）传输系统性能。在实际的通信系统中，数字信号经过非理想的传输系统必定会产生畸变，也会出现噪声和干扰，也就是说，在不同程度上存在码间串扰。在码间串扰和噪声同时存在的情况下，很难对系统性能进行定量分析，甚至得不到近似结果。为了便于评价实际通信系统的性能，通常利用眼图进行分析。利用眼图可以直观地评估系统的码间串扰和噪声的影响，是一种常用的测试手段。

从图 3-9.4 和图 3-9.5 可以看出，眼图是由接收码元波形叠加形成的。当波形没有失真时，眼图像一只“完全张开”的眼睛。在取样时刻，所有可能的取样值只有两个：+1 或−1。当波形失真时，“眼睛”部分闭合。这样，保证正确判决所容许的噪声电平就减小了。换言之，在随机噪声的功率给定时，误码率将增加。“眼睛”张开的大小就表明失真的严重程度。

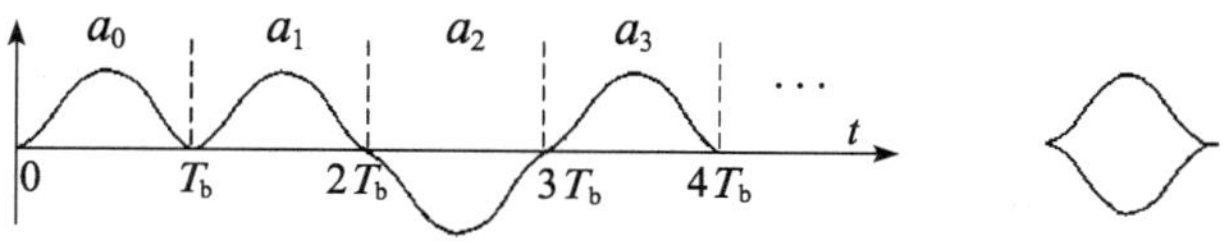

图 3-9.4　无失真时的眼图

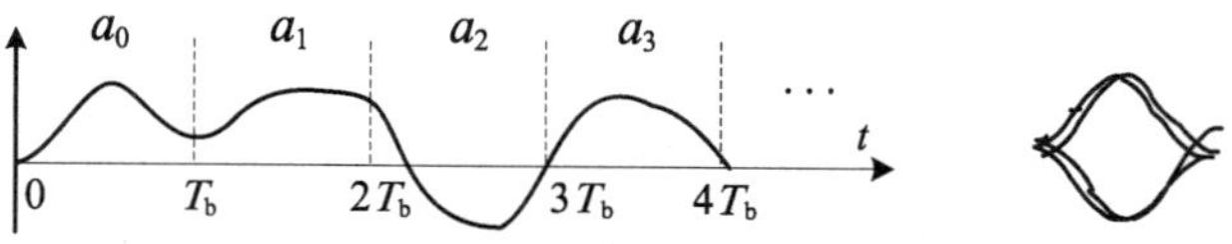

图 3-9.5　失真时的眼图

眼图的垂直张开度表示系统的抗噪声能力，水平张开度反映过门限失真量的大小。眼图的张开度受噪声和码间串扰的影响，当信道信噪比很大时，眼图的张开度主要受码间串扰的影响。因此，观察眼图的张开度就可以评估系统抗干扰能力的大小。

从图 3-9.6 和图 3-9.7 中可以得到以下信息：

（1）最佳抽样时刻是“眼睛”张开最大的时刻。

（2）眼图斜边的斜率表示定时误差灵敏度。斜率越大，对定时误差越敏感。

（3）在抽样时刻上，眼图上、下两分支阴影区的垂直高度表示最大信号畸变。

（4）眼图中央的横轴位置对应判决门限电平。

（5）在抽样时刻上，眼图上、下两阴影区间隔距离的一半为噪声容限，若噪声瞬时值超过它，就会出现错判。

（6）眼图倾斜分支与横轴相交区域的大小即过零点失真的变动范围；对利用信号零交点的平均位置来提取定时信息的接收系统来说，过零点畸变影响定时信息的提取。

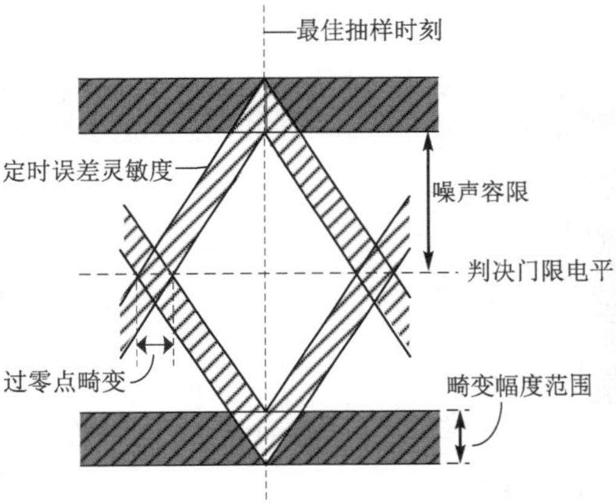

图 3-9.6　理想眼图模型

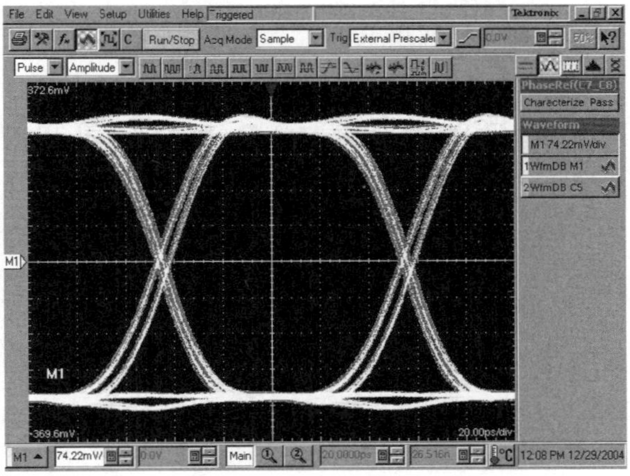

图 3-9.7　示波器上的眼图

四、实验内容

1. 信道衰减

（1）信号发送端功率为 1 W，电缆衰减为 0.05 dB/10 m，0.1 dB/10 m，0.15 dB/10 m，0.2 dB/10 m，计算信号传输 1 km 内各位置点的信号功率值。

（2）当信道中高斯白噪声功率值 σ^2 为定值时，设电缆衰减为 0.1 dB/10 m，计算在10 m，100 m，200 m，300 m，400 m 处各点接收信号的误码率，并绘制曲线图。

2. 理想低通信道

（1）设二进制数字基带信号 $a_n \in \{1, -1\}$，波形 $g(t)=\begin{cases}1, & 0 \leqslant t < T_s \\ 0, & 其他\end{cases}$，绘制矩形波的频谱图。

（2）设有两个低通滤波器，其带宽分别为 $B_1=5/(4T_s)$ 和 $B_1=1/(2T_s)$，绘制两个滤波器的频率响应。

（3）将(1)的数字基带信号分别通过(2)的两个低通滤波器，绘制输出信号的眼图。

3. 升余弦滚降信道

(1) 设基带信号波形为升余弦波形，符号周期 $T_s=1$，试绘出不同滚降系数（当 $\alpha=1$，0.75，0.5，0.25 时）的时域脉冲波形。

(2) 随机生成一系列二进制序列，通过高斯白噪声信道，选择 $\alpha=1$ 的升余弦波形，分别绘制出无噪声干扰以及当信噪比为 30 dB，20 dB，10 dB，0 dB 时的眼图。

五、实验步骤

1. 信道衰减

1) 信道衰减条件下接收信号的功率值计算

(1) 根据传输距离和电缆衰减系数计算信道衰减 L。

(2) 根据 $10\lg(S_T/S_i)=L$（其中，S_T 为输入端功率，S_i 为输出端功率），计算信道衰减条件下接收信号的功率。

2) 信道衰减情况下的误码率计算

(1) 假设信号输入端功率 S_T 为 A^2 W，电缆衰减为 0.1 dB/10 m，根据 1)计算不同传输距离点的信号瞬时功率。

(2) 经过高斯白噪声信道的 BPSK 通信系统的理论误码率的计算公式为

$$\text{BER}=0.5*\text{erfc}(\text{sqrt}(\text{Ps}/\text{Pn})) \tag{3-9.8}$$

式中，Ps 为信号瞬时功率，Pn 为噪声功率，信道中高斯白噪声功率值 σ^2 为定值。根据式(3-9.8)计算该传输距离下的误码率。

(3) 改变传输距离，绘制传输距离与误码率的关系曲线。

2. 理想低通信道带宽影响

根据要求产生数字基带信号，并通过理想低通滤波器，绘制数字基带信号频谱图，输出信号的眼图和滤波器的频率响应。实验按照如下步骤进行：

(1) 定义采样点数 $N=400$，采样频率 $f_s=50$ Hz，定义符号周期 $T_s=1$ s。

(2) 定义符号波形，产生二进制数字基带信号。

(3) 参考实验八，绘制矩形波的频谱。

(4) 根据理想低通滤波器的带宽设定（理想低通滤波器等效频带宽度为 $B=\dfrac{1}{2T}$），分别计算两个滤波器的冲激响应：

$$h(t)=\frac{1}{T}Sa\left[\frac{\pi}{T}(t-t_d)\right] \tag{3-9.9}$$

$Sa(x)=\dfrac{\sin x}{x}$，称为抽样函数。

(5) 将符号序列采样点与理想低通滤波器的冲激响应进行卷积(conv)操作。

(6) 使用 eyediagram 函数绘制眼图，具体参数参见“六、重点提示”。

(7) 对滤波器的冲激响应进行快速傅里叶变换(fft)，绘制频率响应图。

数字基带信号与带宽 B 参照“四、实验内容”部分。

3. 升余弦滚降信道对基带信号传输的影响

随机生成一系列二进制序列，通过高斯白噪声信道，选择 $\alpha=1$ 的升余弦波形，分别绘制无噪声干扰以及当信噪比为 30 dB，20 dB，10 dB，0 dB 时的眼图。

1）基带信号在不同滚降系数下的时域脉冲波形

（1）设定初始基带信号，幅值 A=1，符号周期 Ts=1。

（2）根据升余弦滤波器函数 rcosflt，设置参数（fd=1，fs=100，alfa=滚降系数，delay=5），输出得到滚降信号时域波形。

（3）设置不同的滚降系数，重复实验。

2）不同信噪比的高斯白噪声信道传播时的码间串扰

（1）设定初始基带信号，幅值 A=1，符号周期 Ts=1，通过 sign 符号函数随机生成一系列二进制序列 S。

（2）使用升余弦滤波器函数 rcosflt 输出得到滚降信号时域波形 y，使用 eyediagram 函数绘制眼图。

```
y=rcosflt(S,fd,fs,'fir',alfa,delay);
```

（3）添加噪声，引入信噪比，分别计算信号功率与噪声功率，以引入信噪比 30 dB 为例：

```
Snr_dB=30;               %信噪比,单位为 dB
Snr=10^(Snr_dB/10);      %信号与噪声功率之比
SS=mean(y.^2);           %信号功率
AA=SS/Snr;               %噪声功率
```

（4）无噪声时，在升余弦滚降后的时域波形 y 的基础上引入（3）中添加的噪声：

```
yy=y+sqrt(AA).*randn(size(y));
```

（5）改变噪声（信噪比），重复实验，绘制引入不同信噪比得到的眼图。

六、重点提示

1. 理想低通滤波器的冲激响应

理想低通滤波器等效频带宽度为

$$B=\frac{1}{2T} \tag{3-9.10}$$

```
dt = Ts/fs;                         %计算采样点间隔
delay = 20;                         %定义信道冲激响应
t_ht = -delay : dt : delay;
ht1 = 2*B * sinc(2*B * t_ht/Ts);    %定义滤波器 1 的冲激响应
```

2. 眼图和快速傅里叶变换函数

眼图函数 eyediagram(x,n*fs,period)，其中，x 表示信号，n 表示眼图的眼数，fs 表示采样频率，period 表示横坐标在[-period/2,period/2]之间。

快速傅里叶变换函数 fft：Y=fft(y,N)，其中，y 是序列，Y 是序列的快速傅里叶变换，函数执行 N 点 FFT。

若分析数据时长为 T，则分析结果的基频就是 f0 = 1/T，分析结果的频率序列为[0：N−1] * f0。

T=N * dt；

3. 升余弦滤波器函数

升余弦滤波器函数 rcosflt(S,fd,fs,'fir',alfa,delay)，其中，S 表示信号，fd 表示码速率，fs 表示采样频率，alfa 表示滚降系数，delay 是指延时，表示升余弦滤波器时域响应中边瓣的个数。

4. 信号功率

离散时间信号 $x(k)$ 的功率为

$$P = \lim_{N \to \infty} \frac{1}{2N} \sum_{k=-N}^{N} |x(k)|^2 \tag{3-9.11}$$

七、拓展思考

(1) 数字基带传输系统的误码率与哪些因素有关？

(2) 码间串扰和信道噪声对眼图有什么影响？

(3) 观察不同滚降系数对时域波形的影响。

(4) 对比无噪声干扰以及当信噪比为 30 dB，20 dB，10 dB，0 dB 时的眼图可以得出什么结论？

扫码查看实验九的更多信息

实验十　数字基带传输——串口通信编程综合实验

一、实验目的及要求

(1) 了解串口通信的基本概念、方式、原理，完成串口通信界面以及代码工程文件。

(2) 在 Windows 环境下实现两台串口互联电脑间的数据传输，或同一台电脑上不同串口间的数据传输。

(3) 了解串口通信编程的相应函数，掌握一个具体开发平台下的串口编程。编写代码过程中要注意控件的命名，养成良好的命名习惯，保证各组件名称与代码前后对应，以防运行混乱。

二、实验设备及要求

MATLAB 仿真软件或 Visual Studio 开发工具。

三、实验原理：串口通信工作原理及接口编程

1. 概念

串口通信(Serial Communications)的概念非常简单，指串口按位(bit)发送和接收字节的通信方式。对于串口而言，传输距离可达 1 200 m。典型的例子是串口用于 ASCII 码字符的传输。通信通过 3 根线完成，分别是地线、发送线、接收线。由于串口通信是异步的，端口能够在一根线上发送数据并同时在另一根线上接收数据。串口通信最重要的参数是波特率、数据位、停止位和奇偶校验(图 3-10.1)。在接收数据时，串行的位又被转换为字节数据。

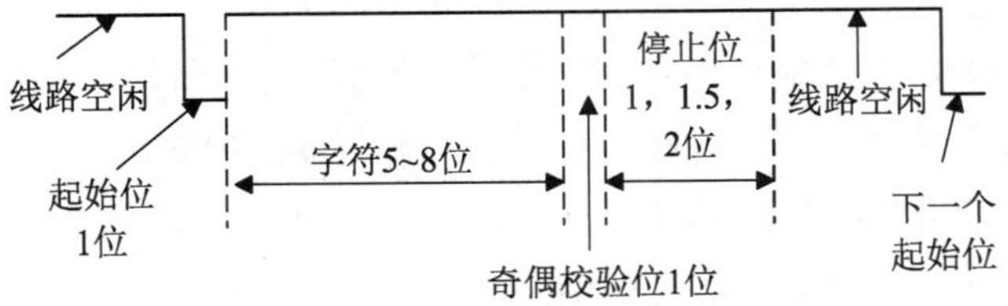

图 3-10.1　串口数据帧结构

(1) PC 机 DB-9 串口(RS-232)引脚作用如表 3-10.1 所列。各引脚的电气特性为：在 TxD 和 RxD 上，逻辑“1”为−3～−15 V；逻辑“0”为+3～+15 V。

表 3-10.1　　　　RS-232 引脚作用

序号	名称	作用	备注	序号	名称	作用	备注
1	DCD	数据载波检测		6	DSR	数据发送就绪	
2	RxD	串口数据输入	必连	7	RTS	发送数据请求	
3	TxD	串口数据输出	必连	8	CTS	清除发送	
4	DTR	数据终端就绪		9	RI	铃声提示	
5	GND	地线	必连				

(2) 最简单的直接 RS-232 通信连接如图 3-10.2 所示。

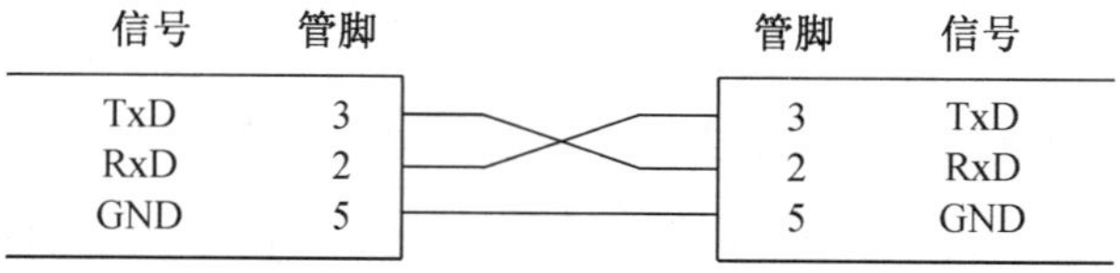

图 3-10.2　直接 RS-232 通信连接

(3) 带握手功能的直接 RS-232 通信连接如图 3-10.3 所示。

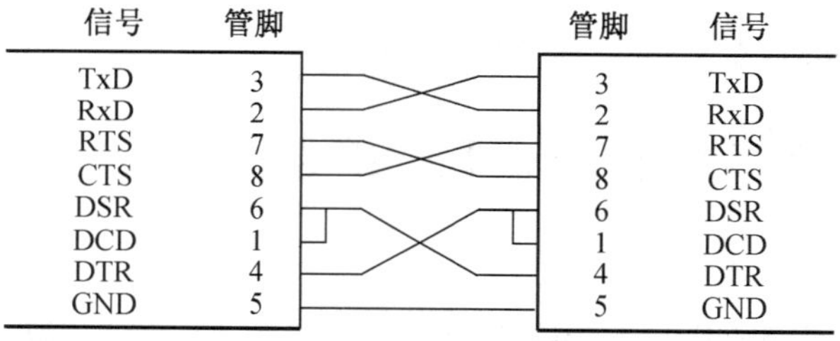

图 3-10.3　带握手功能的直接 RS-232 通信连接

2. Windows 环境下的计算机串口通信过程

在 Windows 应用程序的开发中，常常需要面临计算机(或单片机)与外围数据源设备进行通信的问题。串口的本质功能是作为 CPU 和串行设备间的编码转换器。当数据从 CPU 经过串口发送出去时，字节数据转换为串行的位。常用的 DOS 系统主要采用响应中断的工作方式。PC 机串行通信程序大多利用其 BIOS 块的 INT 14H 中断，以查询串口的方式完成异步串行通信。与 DOS 系统响应中断的工作方式不同，在 Windows 环境下，串口是系统资源的一部分，应用程序要使用串口进行通信。如果想要使用串口进行通信，则必须在使用之前向操作系统提出资源申请要求(打开串口)，通信完成后必须释放资源(关闭串口)。Windows 系统函数已经包含了通信支持中断功能。Windows 系统为每个通信设备开辟了用户定义的输入/输出缓冲区(即读/写缓冲区)，数据进出通信串口均由系统后台来完成，应用程序只需完成对输入/输出缓冲区的操作即可。

详细过程如下：每接收一个字符，系统产生一个低级硬件中断，Windows 系统中的串行驱动程序就取得了控制权，并将接收到的字符放入输入缓冲区，然后将控制权返回正在运行的应用程序。如果输入缓冲区数据已满，串行驱动程序用当前定义的流控制机制通知发送方停止发送数据。队列中的数据按“先进先出”的次序处理。Windows 系统通过使用一个数据结构对串口和串行通信驱动程序进行配置，该数据结构被称为设备控制块（Device Control Block，DCB）。

通常可按以下四步实现串行通信：

（1）按协议的设置初始化并打开串口。这样做的目的是通知 Windows 该应用程序需要这个串口，并让其封锁其他应用程序，使它们不能使用此串口。

（2）配置串口。

（3）在串口上往返传输数据，并在传输过程中进行校验。在编写程序时，主要的代码集中在这一步。

（4）不需要此串口时，关闭串口，即释放串口以供其他应用程序使用。

四、实验内容

（1）利用开发软件完成串口通信软件的界面搭建，界面功能至少包括串口的打开和关闭、串口参数的设定、发送数据输入框、数据发送按钮和数据接收框。

（2）完成串口通信具体编程，功能应包括选择可用串口、串口的打开和关闭、串口参数设置、串口发送数据功能等。

总体流程及各子部分流程如图 3-10.4—图 3-10.6 所示。

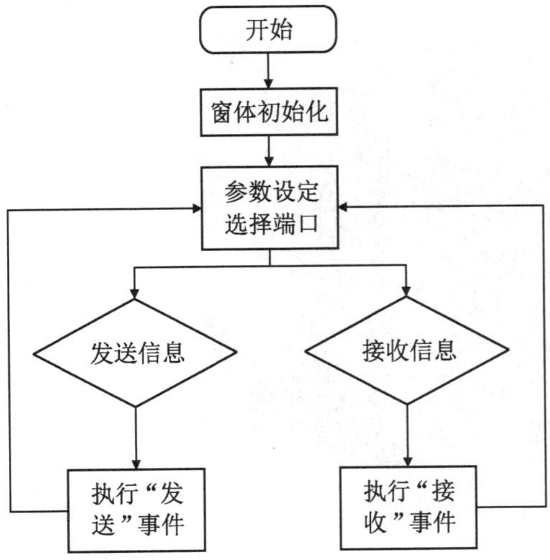

图 3-10.4　总流程

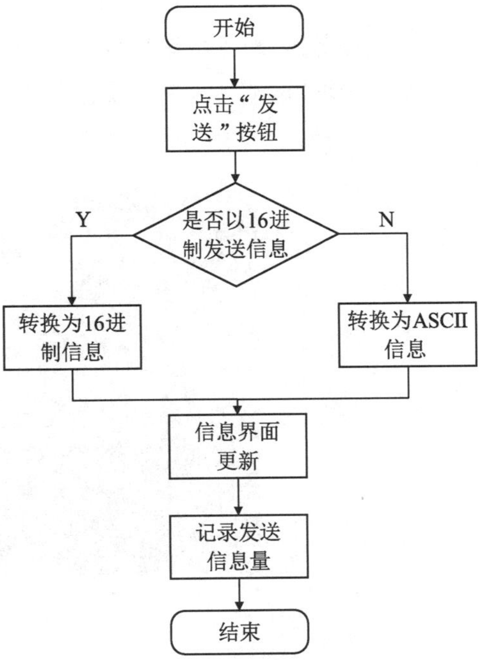

图 3-10.5　发送事件处理流程

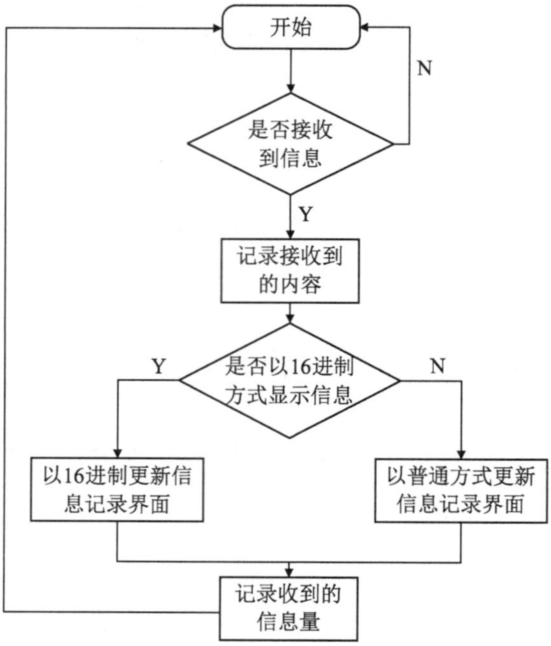

图 3-10.6　接收事件处理流程

五、实验步骤

(1) 传统 PC 机上的串口(图 3-10.7)数量有限,模拟同一台 PC 机上的串口通信实验至少需要 2 个串口。因此,采用设置虚拟串口的办法解决(图 3-10.8)。

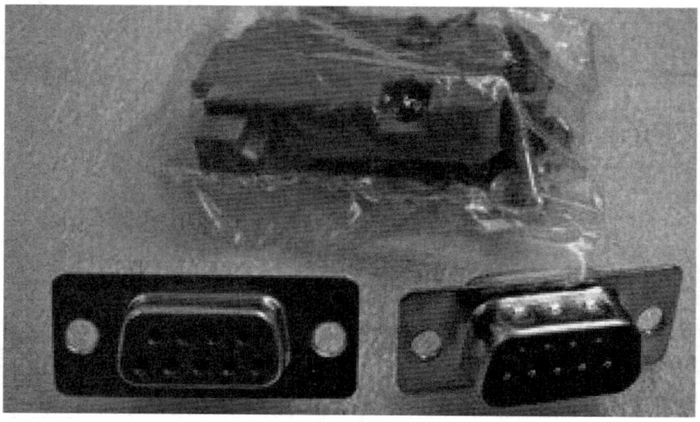

图 3-10.7　物理串口

(2) 界面搭建。本提示步骤以 Visual Studio 开发工具作为示例,选用 C# 进行界面搭建(图 3-10.9)。利用 MSCOMM 控件(表 3-10.2)进行界面搭建及串口控制。

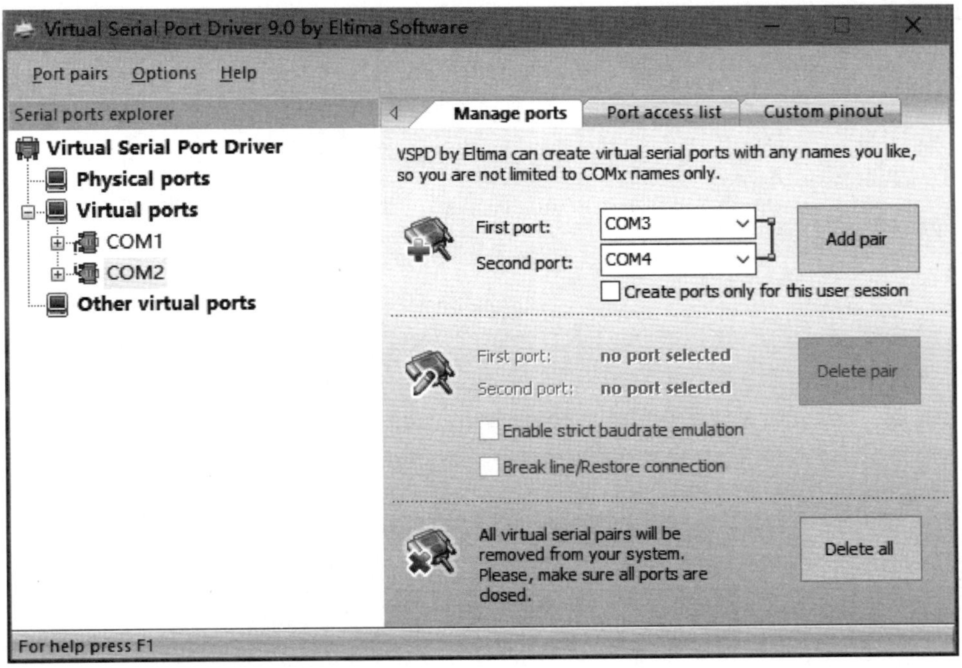

图 3-10.8　虚拟串口软件启用

图 3-10.9　串口通信界面

表 3-10.2　　　　控件功能说明

控件	名称	作用
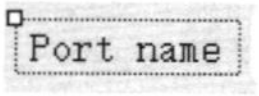	Lable	显示固定文本提示信息
	ComboBox	下拉选项框
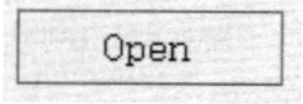	Button	按钮
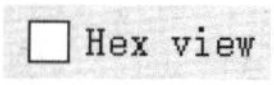	CheckBox	条件选择
	TextBox	文本显示

(3) SerialPort 串口类。通过 C# 进行编程，可以使用现有的 SerialPort 类，创建 C# 串口通信程序及 SerialPort 对象。通过创建 SerialPort 对象，可以在程序中控制串口通信的全过程。SerialPort 类的命令含义如下。

ReadLine()：从输入缓冲区读一行新的值，如果没有，会返回 NULL。

WriteLine(string)：写入输出缓冲。

Open()：打开一个新的串口连接。

Close()：关闭串口连接。

BaudRate：串口的波特率。

StopBits：每个字节的停止位数量。

ReadTimeout：当读操作没有完成时的停止时间，单位为 ms。

(4) 程序运行。可模拟发送端和接收端进行信息发送和接收(图 3-10.10)。

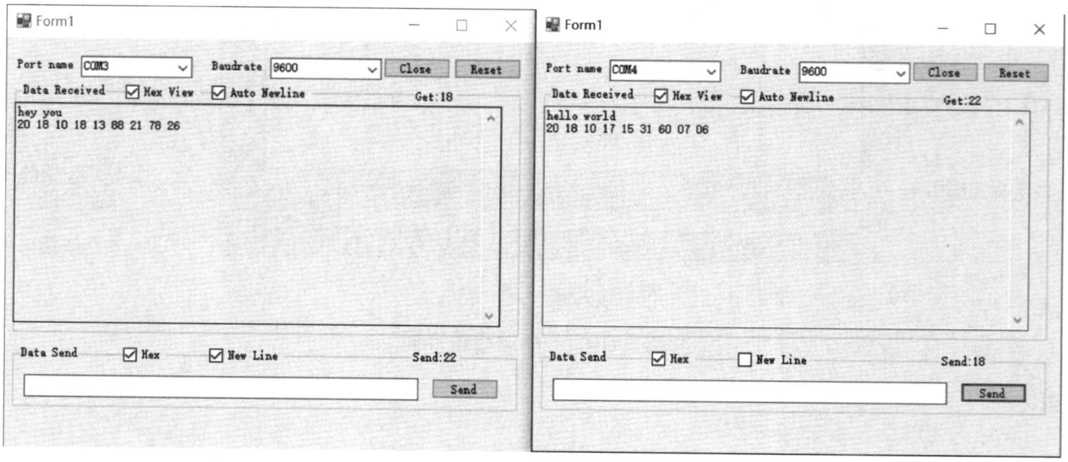

图 3-10.10　运行结果示例

六、拓展思考

（1）若一个串口已经被一个程序使用并打开，那么其他程序就不能使用该串口，这时该如何处置？

（2）如果数据采集端不是通过串口发送数据，而是通过网口，应该怎样编程实现应用端的数据接收？

扫码查看实验十
的更多信息

实验十一 数字频带传输——铁路应答器报文编码及无线接口 FSK 传输仿真实验

一、实验目的及要求

(1) 了解为什么要进行频带传输。

(2) 了解铁路应答器报文编码方法,以及车地无线接口 FSK 信息传输方式。

(3) 了解 2FSK 工作原理,对该数字调制系统进行建模仿真,熟悉运用 Simulink 搭建完整的信号调制解调系统。记录各实验步骤中产生的实验结果,尤其注意基带、带通、解调波形。分析原始信号与解调后信号的差异。

二、实验设备

MATLAB 仿真软件及 Simulink 工具箱。

三、实验原理:频带传输及铁路应答器工作原理

1. 频带传输

有线信道中的数字信号一般是利用基带传输的,无线信道中的数字信号则采用频带传输。当原始信号的频带与信道的频带不匹配时,就需要对原始信号的频率进行变换。通常信道分配给不同的用户使用是通过频率范围分割的方式来实现的,这样,原始信号就需要变换到被分配的频率范围之内才能在对应的信道中进行传输。

频带传输是一种利用调制器对传输信号进行频率变换的传输方式,信号调制的目的是使信号更好地适应信号传输通道的频率特性,传输信号经过调制处理也能克服基带传输同频带过宽的缺点,提高线路的利用率,一举两得。但是调制后的信号在接收端要解调还原,所以传输的收、发端需要专门的信号频率变换设备,传输设备费用相应增加。远距离通信信道多为模拟信道,例如,传统的电话(电话信道)只适用于传输音频范围(300～3 400 Hz)内的模拟信号,不适用于直接传输频带很宽、能量集中在低频段的数字基带信号。

1) 模拟信号频带传输

模拟信号的频带传输就是先将基带信号变换(调制)成便于在模拟信道中传输的、具有较高频率范围的模拟信号(频带信号),再将这种模拟信号在模拟信道中传输。在采用频带传输方式时要求收、发两端都安装调制解调器(Modem)。频带传输不仅解决了数字信号利用电话系统传输的问题,而且可以实现多路复用,提高传输信道的利用率。

2) 数字信号频带传输

数字信号是离散的,它对载波信号进行调制的过程与对高频载波信号进行开关控制的

工作状态相似，所以数字调制又称为数字键控。数字信号对载波振幅的调制称为振幅键控(Amplitude Shift Keying，ASK)，对载波频率的调制称为频移键控(Frequency Shift Keying，FSK)，对载波相位的调制称为相移键控(Phase Shift Keying，PSK)。

2. FSK 调制解调原理

数字频率调制又称频移键控，二进制频移键控记作 2FSK。数字频移键控是用载波的频率来传送数字消息，即用所传送的数字消息控制载波的频率。2FSK 信号便是符号“1”对应于载频 f_1，而符号“0”对应于载频 f_2(与 f_1 不同的另一载频)的已调波形，而且 f_1 与 f_2 之间的改变是瞬间完成的。

从原理上讲，数字调频可用模拟调频法来实现，也可用键控法来实现。模拟调频法是利用一个矩形脉冲序列对一个载波进行调频，是频移键控通信方式早期采用的方法。2FSK 则是利用受矩形脉冲序列控制的开关电路对两个不同的独立频率源进行选通。键控法的特点是转换速度快、波形好、稳定度高且易于实现，故应用广泛。

2FSK 信号的产生原理及波形示例如图 3-11.1 所示，图中 $s(t)$ 为代表信息的二进制矩形脉冲序列，$e_0(t)$ 即 2FSK 信号。

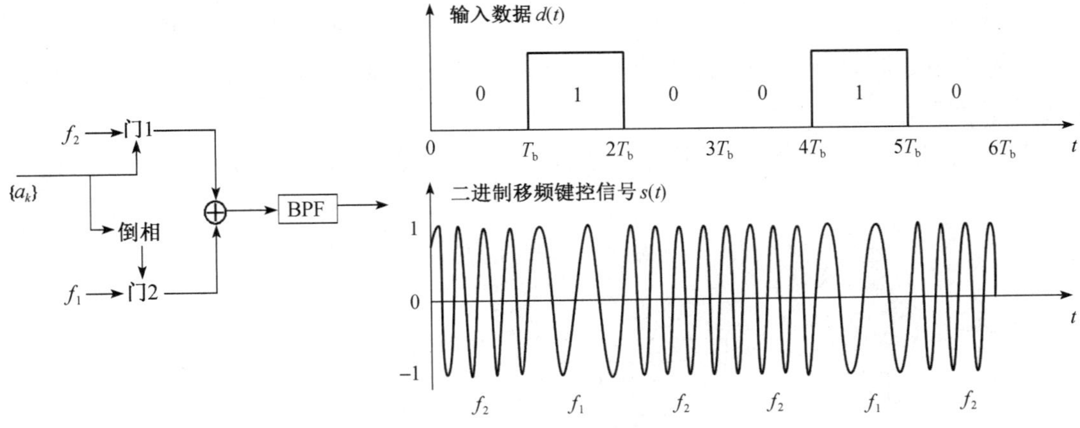

图 3-11.1　2FSK 信号的产生原理及波形示例

根据 2FSK 信号的产生原理，已调信号的数字表达式如下：

$$e_0(t)=s(t)\cos(\omega_1 t+\varphi_n)+\overline{s(t)}\cos(\omega_2 t+\varphi_n) \tag{3-11.1}$$

式中，$s(t)$ 为单极性非归零矩形脉冲序列。

$$s(t)=\sum_n a_n g(t-nT_b) \tag{3-11.2}$$

$$a_n=\begin{cases}1, & 概率为 P\\ 0, & 概率为(1-P)\end{cases} \tag{3-11.3}$$

式中，$g(t-nT_b)$ 代表的是同期函数；$\overline{s(t)}$ 为对 $s(t)$ 逐码元取反而形成的脉冲序列，即

$$\overline{s(t)}=\sum_n \bar{a}_n g(t-nT_b) \tag{3-11.4}$$

$$\bar{a}_n=\begin{cases}0, & 概率为 P\\ 1, & 概率为(1-P)\end{cases} \tag{3-11.5}$$

φ_n 和 θ_n 分别是第 n 个信号码元的初相位和相位。一般说来，键控法得到的 φ_n 和 θ_n 与序号 n 无关。由式(3-11.1)可以看出，一个 2FSK 信号可视为两路 2ASK 信号的合成，其中一路以 $s(t)$ 为基带信号、以 ω_1 为载频，另一路以 $\overline{s(t)}$ 为基带信号、以 ω_2 为载频。图 3-11.2 是数字键控法实现 2FSK 的原理示意。

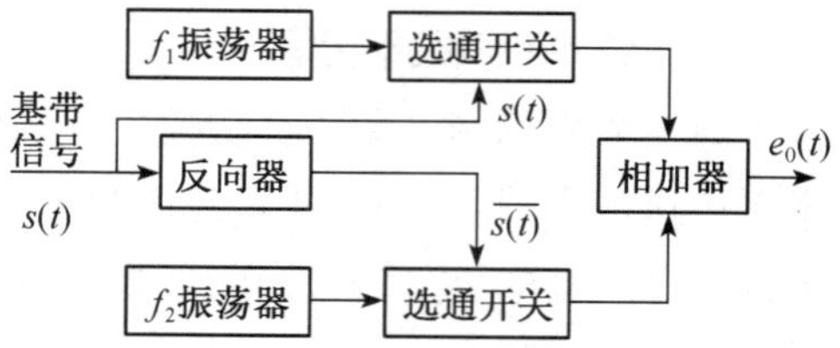

图 3-11.2　数字键控法实现 2FSK 的原理

数字调频信号的解调方法很多，如包络检波法、相干检测法、过零检测法、差分检测法、鉴频法等。下面仅就包络检波法进行介绍。

2FSK 信号的包络检波法解调原理如图 3-11.3 所示，可将其视为由两路 2ASK 解调电路组成。其中，两个带通滤波器带宽相同，皆为相应的 2ASK 信号带宽；中心频率不同，分别为 f_1 和 f_2，起分路作用，用以分开两路 2ASK 信号，上支路对应 $y_1(t)=s(t)\cos(\omega_1 t+\theta_n)$，下支路对应 $y_2(t)=\overline{s(t)}\cos(\omega_2 t+\theta_n)$，经包络检测后分别取出它们的包络 $s(t)$ 及 $\overline{s(t)}$；抽样判决器起比较器作用，把两路包络信号同时送到抽样判决器进行比较，从而判决输出基带数字信号。

若上、下支路 $s(t)$ 及 $\overline{s(t)}$ 的抽样值分别用 v_1 和 v_2 表示，则抽样判决器的判决准则为

$$\begin{cases}v_1>v_2, & 判为“1”\\ v_1<v_2, & 判为“0”\end{cases} \tag{3-11.6}$$

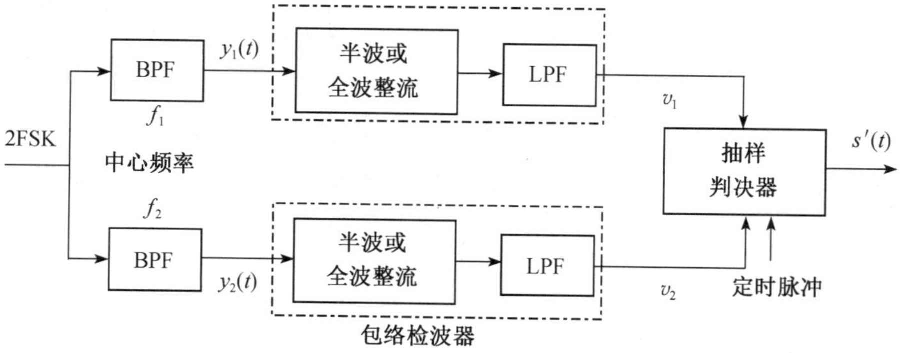

图 3-11.3　2FSK 信号包络检波原理

3. 应答器传输系统工作原理

1）系统简介

应答器传输系统是安全点式传输系统，通过应答器实现地面设备与车载设备之间的安全信息传输。传输是双向的，即包含上行链路和下行链路。上行链路数据传输是指应答器将信息传输给车载设备，其信息是固定的或根据应用需求而变化；下行链路数据传输是指应

答器接收来自车载设备的信息。

应答器传输系统由地面应答器设备和车载设备组成。地面应答器设备包括无源应答器、有源应答器和地面电子单元(Lineside Electronic Unit，LEU)，车载设备包括应答器传输模块(Balise Transmission Module，BTM)和天线单元。

应答器向 CTCS－3 级列控系统车载设备提供位置、等级转换、无线通信等信息，同时向 CTCS－2 级列控系统车载设备提供线路速度、线路坡度、轨道电路、临时限速等线路参数信息。应答器报文信息格式应符合国家铁路局统一的技术标准，应答器设置应满足 CTCS－3 系统、兼容 CTCS－2 系统的要求。

BTM 天线不断向地面发射 27.095 MHz 的能量信号，经过应答器时，应答器从27.095 MHz 信号获得能量而工作，内部存储的报文(无源应答器)或来自 C 接口的报文信息(有源应答器)被应答器以 4.234 MHz 的频率传输给 BTM，经数字解调、解码还原后发送给 ATP 设备(图 3-11.4)。

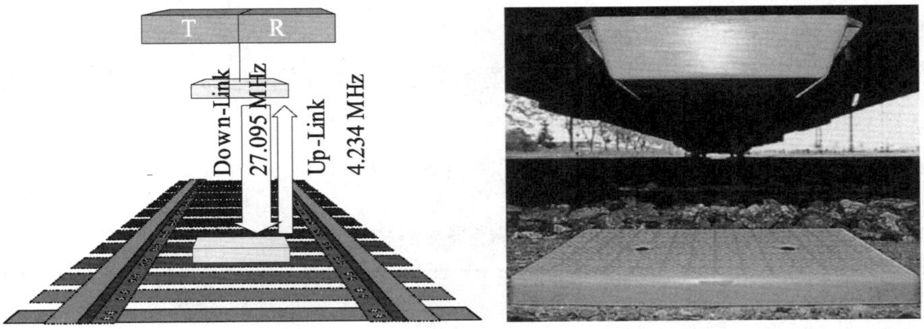

图 3-11.4 应答器工作原理

应答器是铁路信号车地信息传输的主要设备之一，包括无源应答器和有源应答器两种。符合欧洲列车控制系统 ETCS 标准的应答器称为欧标应答器。目前国内已研制成功符合欧标的应答器。

(1) 无源应答器。

无源应答器存储固定信息，当列车经过无源应答器上方时，无源应答器接收车载天线发射的电磁能量后，将其转换成电能，使地面应答器中的电子电路工作，把存储在地面应答器中的数据循环发送出去，直至电能消失(即车载天线已经离去)。

无源应答器用于发送固定不变的数据，设置在区间，发送如线路坡度、最大允许运行速度、轨道电路参数、列控等级转换等信息。

(2) 有源应答器。

有源应答器通过专门的电缆与 LEU 连接，可实时发送 LEU 传送的数据报文。当列车经过有源应答器上方时，有源应答器接收车载天线发射的电磁能量后，将其转换成电能，使地面应答器中的发射电路工作，将 LEU 传输给有源应答器的数据(565 kbit/s 的信息速率，1 023位的报文长度)循环实时发送出去，直至电能消失(即车载天线已经离去)(图 3-11.5)。

当与 LEU 通信发生故障时，有源应答器转为无源应答器工作模式，发送存储的固定信息（默认报文）。

地面应答器与车载天线之间的接口为 A 接口，采用电磁感应发送。接口 A1 为应答器向天线单元传输上行链路应答器报文的接口；接口 A4 为天线单元向应答器传输应答器所需电源的接口（远程供电信号）。

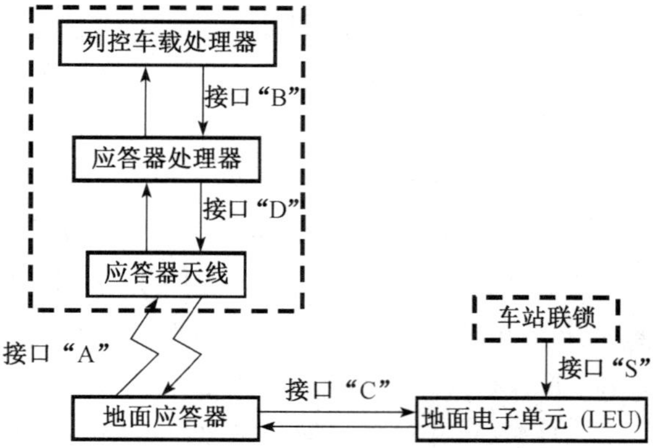

图 3-11.5 有源应答器工作原理

上行链路信号要求如下：①连续相位 FSK 调制方式；②发送逻辑“0”（f_L）频率，3.951 MHz；③发送逻辑“1”（f_H）频率，4.516 MHz；④中心频率为（f_L+f_H）/2＝4.234 MHz± 200 kHz；⑤当远程供电信号为 CW 模式时，上行链路应答器在 150 μs 内采用 FSK 调制方式向接口 A 发送数据。

应答器远程供电信号要求如下：①连续信号；②磁场频率为 27.095 MHz±5 kHz。

2）应答器报文编码

（1）报文结构。应答器报文结构如表 3-11.1 所列。

表 3-11.1 应答器报文结构

序号	名称	变量	字节位	备注
1	帧标志	Q_UPDOWN	1	信息传送的方向（0＝车对地，1＝地对车）
		M_VERSION	7	语言/代码版本编号（000 0001＝V1.0）
		Q_MEDIA	1	信息传输媒介（0＝应答器，1＝环线）
		N_PIG	3	本应答器在应答器组中的位置（000＝1，111＝8）
		N_TOTAL	3	应答器组中所包含的应答器数量（000＝1，111＝8）
		M_DUP	2	本应答器信息与前/后应答器信息的关系（01＝相同，10＝不同）
		M_MCOUNT	8	报文计数器（0～254）（255＝报文适应同一组的所有应答器）
		NID_C	10	地区编号（高 7 位＝大区编号，低 3 位＝分区编号）
		NID_BG	14	应答器（组）编号（高 6 位＝车站编号，低 8 位＝应答器编号）
		Q_LINK	1	应答器（组）的链接关系（0＝不链接，1＝链接）
2	用户信息包		772	
3	信息结束		8	＝1111 1111，表示信息帧结束

(2) 应答器(组)用户信息报文构成。根据铁道部《既有线 200 km/h 动车组 ATP 车载和地面设备配置及运用技术原则(暂行)》(铁运〔2005〕21 号)中有关应答器设备设置及使用的要求,相应应答器数据报文应由下列用户信息报文构成。

① 区间信号点处无源应答器(组)用户信息报文如表 3-11.2 所列。

表 3-11.2　　区间信号点处无源应答器用户信息报文

应答器工作状态	用户信息报文包										
	应答器链接	线路坡度	线路速度	等级转换	特殊区段	调车危险	CTCS数据	轨道区段	临时限速	区间反向运行	大号码道岔
正向运行	√	√	√		√		√	√			
反向运行	√										

② 级间转换预告点处无源应答器(组)用户信息报文如表 3-11.3 所列。

表 3-11.3　　级间转换预告点处无源应答器用户信息报文

应答器工作状态	用户信息报文包										
	应答器链接	线路坡度	线路速度	等级转换	特殊区段	调车危险	CTCS数据	轨道区段	临时限速	区间反向运行	大号码道岔
CTCS0/1 至 CTCS-2	√	√	√	√			√	√			
CTCS-2 至 CTCS0/1	√			√							

用户信息包示例 1：应答器链接【ETCS-5】报文构成如表 3-11.4 所列。

表 3-11.4　　应答器链接报文构成

序号	变量名	位数	说明
1	NID_PACKET	8	信息包标识码=0000 0101
	Q_DIR	2	验证方向(00=反向,01=正向,10=双向,11=备用)
	L_PACKET	13	信息包位数
	Q_SCALE	2	距离/长度的分辨率(00=10 cm,01=1 m,10=10 m)
2	D_LINK	15	到下一个链接应答器(组)的距离
	Q_NEWCOUNTRY	1	下一个链接应答器(组)与前一个的地区关系(0=相同,1=不同)
	NID_C	10	地区编号(Q_NEWCOUNTRY=1)
	NID_BG	14	应答器(组)编号(下一个应答器)

（续表）

序号	变量名	位数	说明
2	Q_LINKORIENTATION	1	列车通过被链接应答器（组）时的运行方向（0＝反向，1＝正向）
	Q_LINKREACTION	2	当链接失败时，ATP 采取的措施（00＝紧急制动，01＝常用制动，10＝没有反应，11＝备用）
	Q_LINKACC	6	链接应答器允许的安装偏差（0～±63 m，分辨率＝1 m）
3	N_ITER	5	包含链接应答器（组）的数量
	D_LINK(k)	15	到下一个链接应答器（组）的距离增量
	Q_NEWCOUNTRY(k)	1	下一个链接应答器（组）与前一个的关系（0＝相同，1＝不同）
	NID_C(k)	10	地区编号（Q_NEWCOUNTRY＝1）
	NID_BG(k)	14	应答器（组）编号（下一个应答器组）
	Q_LINKORIENTATION (k)	1	列车通过被链接应答器（组）时的运行方向（0＝反向，1＝正向）
	Q_LINKREACTION(k)	2	当链接失败时，ATP 采取的措施（00＝紧急制动，01＝常用制动，10＝没有反应，11＝备用）
	Q_LINKACC(k)	6	链接应答器允许的安装偏差（0～±63 m，分辨率＝1 m）

用户信息包示例 2：线路坡度【ETCS－21】（图 3-11.6）；以应答器①为例，线路坡度报文构成如表 3-11.5 所列。

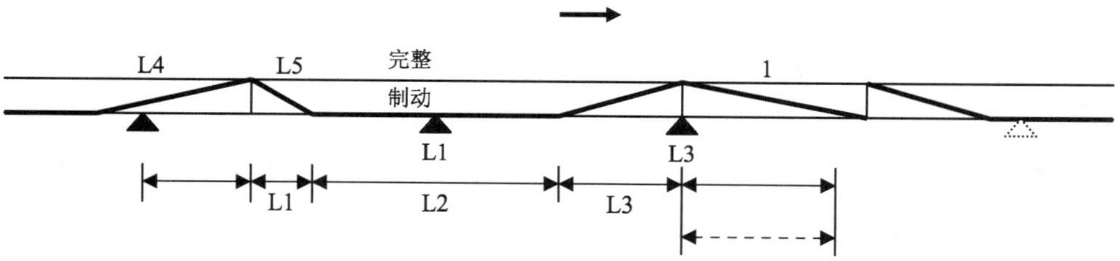

图 3-11.6　线路坡度

表 3-11.5　　线路坡度报文构成

序号	变量名	位数	说明
1	NID_PACKET	8	信息包标识码（0001 0101b）
	Q_DIR	2	验证方向（01b＝正向）
	L_PACKET	13	信息包位数（174）
	Q_SCALE	2	距离/长度的分辨率（01b＝1 m）
2	D_GRADIENT	15	到下一个坡度变化点的距离（0）
	Q_GDIR	1	坡度识别（1b＝上坡）
	G_A	8	安全坡度（a1）

（续表）

序号	变量名	位数	说明
3	N_ITER	5	包含坡度变化点的数量(5)
	D_GRADIENT(1)	15	到下一个坡度变化点的距离增量(L1)
	Q_GDIR(1)	1	坡度识别(0b=下坡)
	G_A(1)	8	安全坡度(a2)
	D_GRADIENT(2)	15	到下一个坡度变化点的距离增量(L2)
	Q_GDIR(2)	1	坡度识别(0b=平坡)
	G_A(2)	8	安全坡度(a3)
	D_GRADIENT(3)	15	到下一个坡度变化点的距离增量(L3)
	Q_GDIR(3)	1	坡度识别(1b=上坡)
	G_A(3)	8	安全坡度(a4)
	D_GRADIENT(4)	15	到下一个坡度变化点的距离增量(L4)
	Q_GDIR(4)	1	坡度识别(0b=下坡)
	G_A(4)	8	安全坡度(a5)
	D_GRADIENT(4)	15	到下一个坡度变化点的距离增量(L5)
	Q_GDIR(4)	1	坡度识别(0b=下坡)
	G_A(4)	8	安全坡度(255)

用户信息包示例3：线路速度【ETCS－27】(图3-11.7)；以应答器①为例，线路速度报文构成如表3-11.6所列。

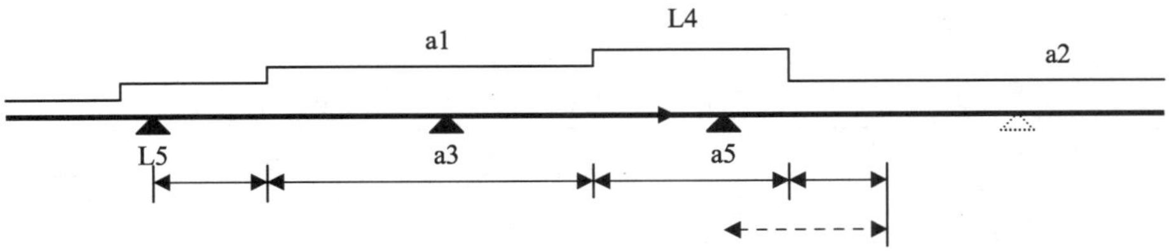

图3-11.7　线路速度

表3-11.6　　　　线路速度报文构成

序号	变量名	位数	说明
1	NID_PACKET	8	信息包标识码(0001 1011b)
	Q_DIR	2	验证方向(01b=正向)
	L_PACKET	13	信息包位数(167)
	Q_SCALE	2	距离/长度的分辨率(01b=1 m)

(续表)

序号	变量名	位数	说明
2	D_STATIC	15	到下一个速度变化点的距离(0)
	V_STATIC	7	线路最大允许列车运行速度(v1)
	Q_FRONT	1	允许运行速度对车头、车尾的有效性(0b=尾有效)
	N_ITER	5	包含列车类型的数量(0)
3	N_ITER	5	包含速度变化点的数量(4)
	D_STATIC(k)	15	到下一个速度变化点的距离(L1)
	V_STATIC(k)	7	线路最大允许列车运行速度(v2)
	Q_FRONT(k)	1	允许运行速度对车头尾的有效性(0b=尾有效)
	N_ITER(k)	5	包含列车类型的数量(0)
	D_STATIC(k)	15	到下一个速度变化点的距离(L2)
	V_STATIC(k)	7	线路最大允许列车运行速度(v3)
	Q_FRONT(k)	1	允许运行速度对车头尾的有效性(0b=尾有效)
	N_ITER(k)	5	包含列车类型的数量(0)
	D_STATIC(k)	15	到下一个速度变化点的距离(L3)
	V_STATIC(k)	7	线路最大允许列车运行速度(v4)
	Q_FRONT(k)	1	允许运行速度对车头尾的有效性(1b=头有效)
	N_ITER(k)	5	包含列车类型的数量(0)
	D_STATIC(k)	15	到下一个速度变化点的距离(L4)
	V_STATIC(k)	7	线路最大允许列车运行速度(127)
	Q_FRONT(k)	1	允许运行速度对车头尾的有效性(1b=头有效)
	N_ITER(k)	5	包含列车类型的数量(0)

四、实验内容

(1) 应答器传输内容编码。

(2) 读取文件中的信息序列作为应答器的数据报文。

(3) 运用 Simulink 搭建完整的 2FSK 调制解调系统。

(4) 将随机数据发生器的码速率设置得与应答器的一致,FSK 调制器和解调器的参数设置与应答器 A 接口的一致,变化信道的噪声,比较输出端的误码率。

五、实验步骤

(1) 应答器地对车信息编码。

实验原理部分已经介绍了铁路应答器编码的帧格式，下面给出一个具体场景(表 3-11.7)。链接包“正向，2600，071-1-01-010-1”，可以按照“，”拆分得到各种有效信息：链接方向为“正向”，前方应答器编号为“071-1-01-010-1”，到前方应答器距离为“2600”等。同理，其他信息包也可以拆分出描述其信息包的有效数据。

表 3-11.7　　　　应答器报文

序号	应答器编号	链接信息
1	071-1-01-006-1	正向，2 600 m，071-1-01-010-1
2	071-1-01-008-1	反向，2 650 m，071-1-01-012-1，2 738，071-1-02-002-1

表 3-11.8 是从表 3-11.4 中提取出来的简化编码规则。NID_PACKET＝00000101 代表链接包。Q_DIR 代表验证方向，如果该链接包是正向，则 Q_DIR＝01；若为反向，则 Q_DIR＝00。L_PACKET 为信息包位数，此位数可以通过计算得到，从表 3-11.4 中可以看出，报文基准量是 69 bit，链接应答器数量每增加 1，则信息量增加 39 bit。D_LINK 代表到下一个链接应答器(组)的距离增量。前面已经提取出来有效数据，按照此方法将其转换成二进制，得到一串 0/1 码，即为应答器链接包。

表 3-11.8　　　　简化编码原则

变量名	位数	说明
NID_PACKET	8	信息包标识码(00000101)
Q_DIR	2	验证方向(00＝反向，01＝正向，10＝双向，11＝备用)
L_PACKET	13	信息包位数
Q_SCALE	2	距离/长度的分辨率(00＝10 cm，01＝1 m，10＝10 m)
D_LINK	15	到下一个链接应答器(组)的距离增量

根据表 3-11.8 的简化编码原则对链接信息进行编码(不需要对应答器编号编码)，要求实现应答器的编码过程，并将数据报文写到文件“应答器报文.txt”中。

(2) 读取文件“应答器报文.txt”，将第一条二进制报文信息作为后面仿真模型的输入。

(3) 运用 Simulink 搭建完整的 2FSK 调制解调系统。根据 Simulink 提供的仿真模块，数字调制系统的仿真可以简化成如图 3-11.8 所示的模型。

设计如图 3-11.8 所示 2FSK 仿真模型。

提醒：本次实验基于铁路应答器实例，故使用的载频信号过大，使用软件进行仿真时所需时间过长，所以在初步调试时，可以先采用小频率信号进行调试。

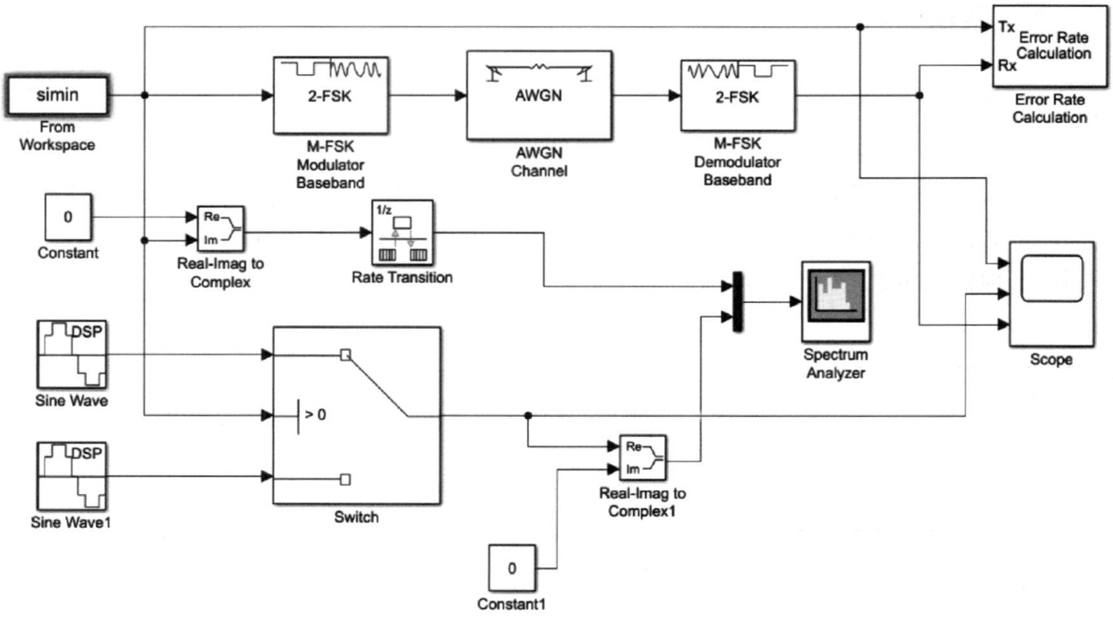

图 3-11.8　FSK 基带调制仿真系统框图

主要参数设置如下。

① From Workspace(来自数据文件,可以用 load 函数或 fopen 函数)模块参数说明如表 3-11.9 所列。

表 3-11.9　　From Workspace 模块参数说明

参数名称	参数含义	参数值
Data	数据变量	
Sample time	采样时间	1/100

② Spectrum Analyzer(频谱仪)用来显示对数字调制后信号的测量,使用默认设置即可。

③ AWGN Channel(加性高斯白噪声信道)模块参数说明如表 3-11.10 所列。

表 3-11.10　　AWGN Channel 模块参数说明

参数	含义	数值
Initial seed	初始随机种子	18 233
Eb/Nb(dB)	信噪比	40,根据需要设置
Number of bits per symbol	符号比特率	1
Input signal power(W)	输入信号功率	1
Symbol period	符号周期	1,根据数据率具体值设置

④ Real-Imag to Complex（复数变换）模块参数说明如表 3-11.11 所列。

表 3-11.11　Real-Imag to Complex 模块参数说明

参数	含义	数值
Input	输入	Real and imag
Sample time(—1 for inherited)	取样时间	—1

⑤ M-FSK Modulator Baseband（基带 M-FSK 调制器）模块参数说明如表 3-11.12 所列。

表 3-11.12　M-FSK Modulator Baseband 模块参数说明

参数	含义	数值
M-ary	M 进制取值	2
Frequency seperation	频率间隔(Hz)	100
Sample per symbol	各符号取样值	40

⑥ M-FSK Demodulator Baseband（基带 M-FSK 解调器）模块参数说明如表 3-11.13 所列。

表 3-11.13　MSK Demodulator Baseband 模块参数说明

参数	含义	数值
M-ary	M 进制取值	2
Frequency seperation	频率间隔(Hz)	100
Sample per symbol	各符号取样值	40

⑦ Rate Transition（速率转换器）模块参数说明如表 3-11.14 所列。

表 3-11.14　Rate Transition 模块参数说明

参数	含义	数值
Initial condition	初始条件	0
Output port sample time	输出采样率	1/10 000

⑧ Scope（示波器）模块参数说明如表 3-11.15 所列。

表 3-11.15　Scope 模块参数说明

参数	含义	数值
Number of input ports	输入信号数目	3
Layout	设置示波器显示模式	

⑨ Sine Wave(正弦波发生器)模块参数说明如表 3-11.16 所列。

表 3-11.16　　Sine Wave 模块参数说明

参数	含义	数值
Amplitude	振幅	1
Bias	偏差	0
Frequency	频率(Hz)	3.951 MHz,4.516 MHz
Phase	相位	0

⑩ 框图中其余模块的参数使用的是系统默认参数。

六、拓展思考

如果需要对比分析信噪比(例如 30 dB,25 dB,20 dB,15 dB,10 dB,5 dB)不同时系统传输误码率的影响,该如何修改仿真参数?

扫码查看实验十一
的更多信息

实验十二　数字频带传输——CDMA 移动通信系统仿真分析

一、实验目的

(1) 了解伪随机序列生成方法。

(2) 熟悉 PSK/QAM 工作原理，对该数字调制系统进行建模仿真，熟悉运用 Simulink 搭建完整信号的数字频带传输系统即数字调制解调系统。

(3) 分析理解信噪比、用户数对 CDMA 移动通信系统传输性能的影响。

二、实验设备

MATLAB 仿真软件及 Simulink 工具箱。

三、实验原理：CDMA 移动通信系统设计

码分多址(Code Division Multiple Access, CDMA)通信是将相互正交(或准正交)的编码分配给不同的用户调制信号，实现多用户同时使用一个频率接入网络进行通信。如果从频域和时域来观察，多个 CDMA 信号是相互重叠的，或者说它们均占有相同的频段和时间，接收机用相关器在多个 CDMA 信号中选出其中使用预定码型的信号。由于利用相互正交(或准正交)的编码去调制信号，会将原信号的频谱扩展，因此又称为扩频通信。CDMA 具有伪随机编码调制和信号相关处理两大特点，因此，CDMA 具有许多优点：抗干扰、抗噪声、抗多径衰落、能在低功率下工作、保密性强、可多址复用和任意选址等。CDMA 技术在第三代移动通信中得到广泛应用。

本次项目设计使用 Simulink 仿真工具对 4 个用户的 CDMA 无线通信系统进行建模、仿真和分析，观察用户和扩频码波形，利用 16PSK 实现调制，分析了信噪比、m 序列抽样时间、多址干扰对系统误码率的影响。

1. 扩频调制原理

扩频通信的一般原理如图 3-12.1 所示。发送端的信息经信息调制形成数字信号，然后由扩频码发生器产生扩频码序列来调制数字信号，从而展宽信号的频谱。信号展宽以后再对载频进行调制，经过射频功率放大器发射到天线上，进而发射出去。在接收端，从接收天线上收到的宽带射频信号，经过输入电路、高频放大器后送入变频器，下变频至中频，然后由本地产生的与发送端完全相同的扩频码序列去解扩，最后经信息解调，恢复成原始信息输出。

按照扩展频谱方式的不同，目前的扩频通信可以分为：直接序列(Direct Sequence, DS)扩频、跳频(Frequency Hopping, FH)、跳时(Time Hopping, TH)以及上述几种方式的组合。

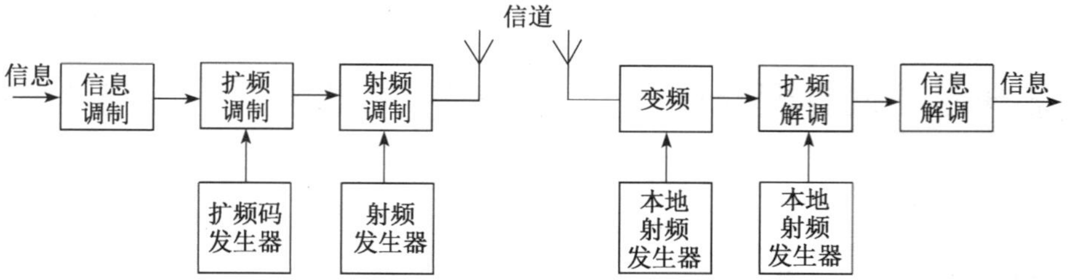

图 3-12.1　扩频通信原理

(1) 直接序列扩频直接用具有高码率的扩频码序列在发送端扩展信号的频谱。而在接收端,用相同的扩频码序列进行解扩,把展宽的扩频信号还原成原始信息。

(2) 跳频是指用一定码序列进行选择的多频率频移键控,即用扩频码序列进行频移键控调制,使载波频率不断地跳变,所以称为“跳频”。系统有几个、几十个甚至上千个频率,由所传信息与扩频码的组合进行选择控制,不断跳变。所以,跳频系统也占用了比信息带宽要宽得多的频带。

(3) 跳时是使发射信号在时间轴上跳变。把时间轴分成许多时片,在一帧内哪个时片发射信号由扩频码序列控制。可以把跳时理解为用一定码序列进行选择的多时片的时移键控。由于采用了很窄的时片发送信号,信号的频谱相对说来也就展宽了。

本次实验项目 CDMA 系统使用直接序列扩频的方法。

2. 仿真电路整体设计

根据仿真要求设计电路,该设计大致分为以下四个模块:扩频模块、调制解调模块、解扩模块、误码率计算模块。现分别对各模块作详细说明。

1) 扩频模块

(1) 信源设计。利用二进制伯努利产生器产生随机二进制序列来表示各用户的信息,此时的信息码元为单极性波形。

(2) 伪随机码序列生成器。利用 PN 序列生成器产生扩频调制需要的随机序列,使用相同的生成多项式[1 0 0 0 0 1 1]、不同的初始状态,产生准正交关系的周期性 m 序列。

m 序列是最长线性移位寄存器序列的简称。它是由多级移位寄存器或其他延迟元件通过线性反馈产生的最长的码序列。由于 m 序列容易产生、规律性强、有许多优良的性能,在扩频通信中最早获得广泛的应用。

如图 3-12.2 所示,m 序列可由二进制线性反馈移位寄存器产生。它主要由 n 个串联的寄存器、移位脉冲产生器和模 2 加法器组成。图中第 i 级移存器的状态用 a_i 表示,$a_i=0$ 或 $a_i=1$,i 为整数。反馈线的连接状态用 c_i 表示,$c_i=1$ 表示此线接通(参加反馈),$c_i=0$ 表示此线断开。

由于反馈的存在,移位寄存器首端的输入受到其他寄存器的输出控制。反馈线位置不同将出现不同周期的不同序列,希望找到线性反馈的位置,能使移存器产生的序列最长,即达到周期 $P=2^n-1$。图 3-12.2 中线路连接关系可以写为

$$a_n = c_1 a_{n-1} \oplus c_2 a_{n-2} \oplus \cdots \oplus c_{n-1} a_1 \oplus c_n a_0 = \sum_{i=1}^{n} c_i a_{n-i} \tag{3-12.1}$$

式(3-12.1)称为递推方程。

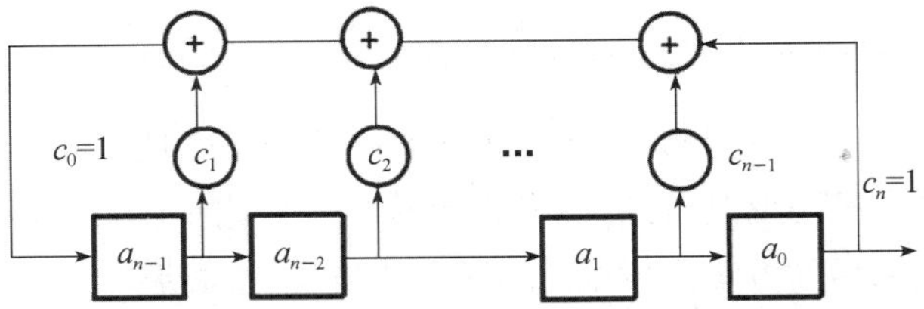

图 3-12.2　线性反馈移位寄存器

(3) 信息调制。利用抽样判决器将单极性信息码元转化为双极性信号。

(4) 扩频模块。利用乘法器完成扩频过程,同时将 4 个用户的扩频模块封装为子模块,简化电路。

2) 调制解调模块

(1) 信道选取。添加 AWGN 模块,即使用加性高斯白噪声信道。加性高斯白噪声在通信领域中是一种幅度服从高斯分布、各频谱分量在频谱域上服从均匀分布的噪声信号。该噪声是一种理想噪声信号,实际的噪声往往只在某一段内可以使用高斯白噪声特性进行近似处理。在信号处理领域,对信号系统的噪声性能进行简单分析时,一般均假设系统所产生的噪声或受到的噪声干扰是高斯白噪声。

(2) 调制解调模块。调制采用 M-PSK 调制模块(M-PSK Modulator Baseband),设置为八进制相移键控。八进制相移键控是将输入的二进制数字序列中的比特每 3 个分成一组,共有 8 种组合,即 000, 001, 010, 011, 100, 101, 110, 111。用 8 种相位分别代表 8 种组合。解调采用M-PSK 解调模块(M-PSK Modulator Baseband),同样设置为八进制。8PSK 信号相位星座图如图 3-12.3 所示。

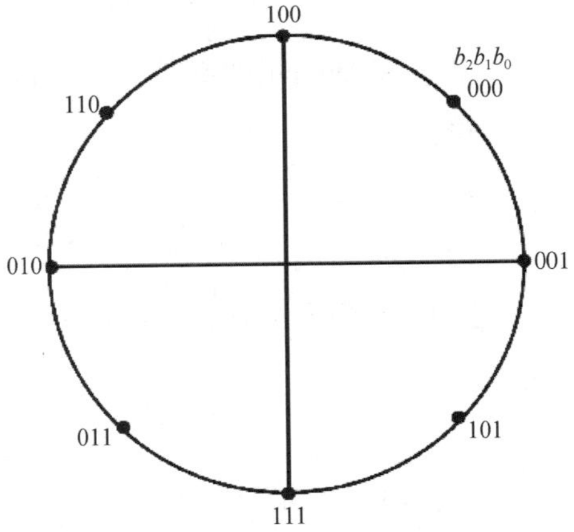

图 3-12.3　8PSK 信号相位星座图

3) 解扩模块

解扩过程是用本地产生的与发送端完全相同的扩频码序列去解扩,最后经信息解调,恢复成原始信息输出。

DS-CDMA 系统的载波调制可采用调频或调相方式,以调相方式应用最广。以 2PSK 调制为例,发送端用户 1 发射的信号为

$$S_1(t) = d_1(t) c_1(t) \cos \omega_c t \tag{3-12.2}$$

式中, $d_1(t)c_1(t)$ 是(−1, +1) 域二元数据, $S_1(t)$ 是 0/π 调相的 2PSK 信号,故载波调制器

就是模拟乘法器。式(3-12.2)可写成如下形式：

$$S_1(t)=d_1(t)c_1(t)\cos\omega_c t=[d_1(t)c_1(t)]\cos\omega_c t \tag{3-12.3}$$

或

$$S_1(t)=d_1(t)c_1(t)\cos\omega_c t=[d_1(t)\cos\omega_c(t)]c_1(t) \tag{3-12.4}$$

式(3-12.3)和式(3-12.4)表明，发送端的DS-CDMA射频信号可通过先扩频调制再载波调制或先载波调制再扩频调制得到，二者是等效的。与此对应，接收端也有两种对应的解调方案。本实验系统采用的方案是发送端先扩频调制再载波调制，接收端先载波解调再扩频解调。

发送端 N 个用户发射在空中的信号在时域、频域完全混叠在一起，接收端每一个用户都可收到。接收端第1个用户天线收到的信号为

$$S(t)=\sum_{i=1}^{N}S_i(t)=\sum_{i=1}^{N}A_i d_i(t)c_i(t)\cos\omega_c t \tag{3-12.5}$$

解调后的信号为

$$S_{EX}(t)=\sum_{i=1}^{N}A'_i d_i(t)c_i(t) \tag{3-12.6}$$

经过与本地地址码 $c_1(t)$ 相关检测后输出信号为

$$d'_1=\int_0^T S_{EX}(t)c_1(t)\mathrm{d}t=\sum_{i=1}^{N}A'_i\int_0^T d_i(t)c_i(t)c_1(t)\mathrm{d}t \tag{3-12.7}$$

式中，T 为地址码序列周期，等于信码周期 T_b，故积分号中信码 $d_i(t)$ 是常数，可提至积分号外，得

$$d'_1=\sum_{i=1}^{N}A'_i d_i(t)\int_0^T c_i(t)c_1(t)\mathrm{d}t \tag{3-12.8}$$

已知PN序列的互相关函数为0，即

$$R_{i,j}(\tau)=\int_0^T c_i(t)c_j(t-\tau)\mathrm{d}t=0 \quad (i\neq j) \tag{3-12.9}$$

将式(3-12.9)代入式(3-12.8)中，根据地址码的正交性关系可得

$$d'_1=A'_1 d_1(t)R_1(0)=A''_1 d_1(t) \tag{3-12.10}$$

式中，$R_1(0)=\int_0^T c_1(t)\cdot c_1(t)\mathrm{d}t$ 为 $c_1(t)$ 的自相关函数峰值。d'_1 经采样后得到方波形式的信码 $d_1(t)$。接收端用户1从发送端 N 个用户发射在空中的在时域及频域完全混叠的DS-CDMA信号中，接收到发送端用户1的信码。

4）误码率计算模块

使用误码率分析仪模块(Error Rate Calculation)，可以方便得出经传输后输出端相对于

输入端的误码率大小，显示模块(Display)显示出误码率大小、错误码元个数、传输码元个数。

四、实验内容

(1) 设计并搭建基于 Simulink 的 CDMA 移动通信系统。

(2) 观察 CDMA 扩频前后的频谱。

(3) 仿真计算不同信道信噪比下的误码率，分析 SNR 对误码率的影响。

(4) 分析用户数量对误码率的影响。

五、实验步骤

1. CDMA 移动通信系统设计和搭建

1) 扩频模块设计

扩频模块电路如图 3-12.4 所示，扩频各点波形如图 3-12.5 所示。

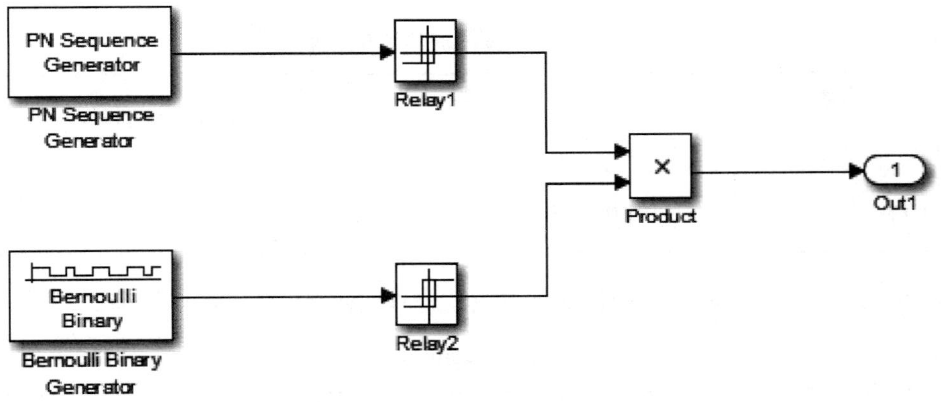

图 3-12.4　扩频模块电路

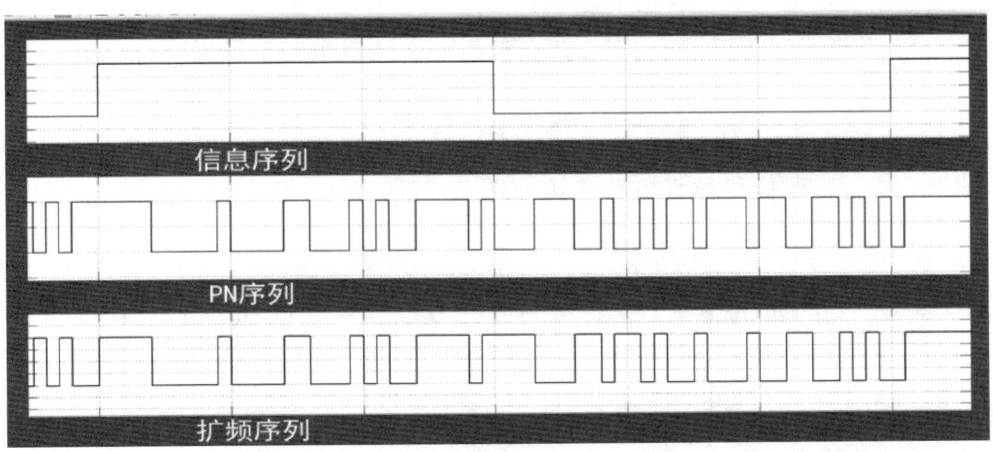

图 3-12.5　扩频各点波形

(1) Bernoulli Binary Generator(二进制伯努利产生器),作为信源,模块参数如表 3-12.1 所列。

表 3-12.1　**Bernoulli Binary Generator 模块参数说明**

参数	含义	数值
Probability of a zero	产生 0 的概率	0.5
Initial seed	随机种子,可随意设置一个整数,相同的种子产生的随机数序列是一样的,在第一阶段保证各用户的信号不同,在误码率比较阶段保证与原信号相同	10, 20, 30, 40
Sample time	采样时间,即每个二进制数持续的时间	3
Sample per frame	确定每帧产生的二进制数	1

(2) PN Sequence Generator(PN 序列生成器)模块参数如表 3-12.2 所列。

表 3-12.2　**PN Sequence Generator 模块参数说明**

参数	含义	数值
Generator polynomial	生成多项式	[1 0 0 0 0 1 1]
Initial states	初始状态,各信号源设置应不同	[0 0 0 0 0 1],[0 0 0 0 1 0],[0 0 0 1 0 0],[0 0 1 0 0 0]

(3) Relay(抽样判决器),单极性变为双极性,模块参数如表 3-12.3 所列。

表 3-12.3　**Relay 模块参数说明**

参数	含义	数值
Switch on point	阈值上限	0.9
Switch off point	阈值下限	0.1
Output when on	阈值上限输出值	1
Output when off	阈值下限输出值	−1

16PSK 调制解调模块仿真电路连接如图 3-12.6 所示,各模块参数如表 3-12.4 和表 3-12.5 所列。

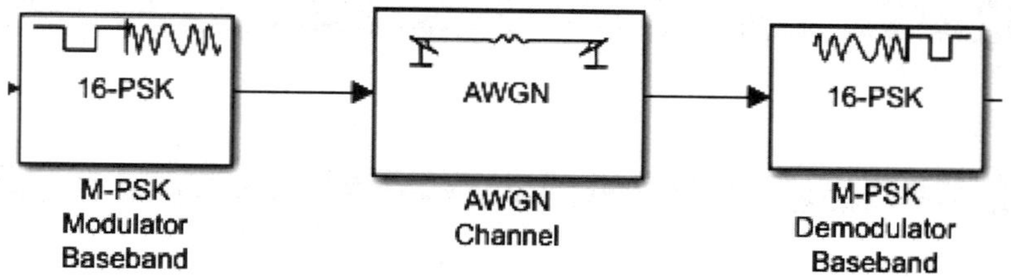

图 3-12.6　16PSK 调制解调模块仿真电路

表 3-12.4　　M-PSK Baseband 模块参数说明

参数	含义	数值
M-ary number	PSK 进制	16

表 3-12.5　　AWGN 模块参数说明

参数	含义	数值
Mode	噪音模式	SNR
SNR	噪音大小	10 dB 等

图 3-12.7 所示极性转换模块分别为双极性变为单极性和单极性变为双极性，模块参数如表 3-12.6 所列。

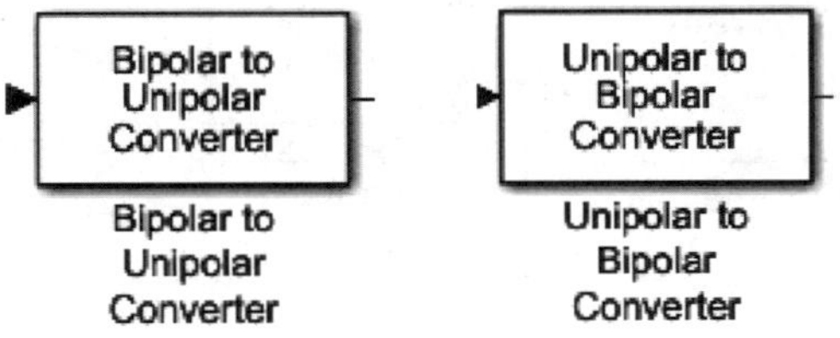

图 3-12.7　极性转换模块

表 3-12.6　　极性转换模块参数说明

参数	含义	数值
M-ary number	极性转换登记	5

2）解扩模块设计

依据上述原理，解扩模块仿真电路设计如图 3-12.8 所示。

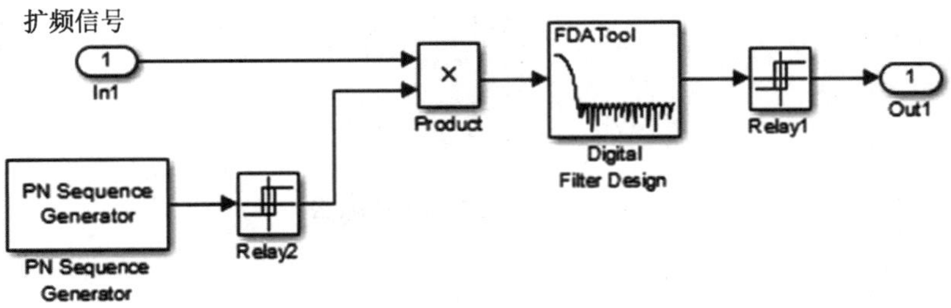

图 3-12.8　解扩模块仿真电路

(1) PN Sequence Generator（PN 序列生成器）的设置应与信源对应部分相同。

(2) Digital Filter Design（滤波器）。经过 PN 序列生成器的解频，与之对应的原信号已变为窄频信号，其余信号仍为宽频信号，利用低通滤波器将原信号提取出来，可根据设置的信号频率定义相关参数，表 3-12.7 仅供参考。

表 3-12.7　**Digital Filter Design 模块参数说明**

参数	含义	数值
Fs	采样频率	100
Fpass	截止频率	4
Fstop	阻带频率	9

3）误码率计算模块设计

由于通过解扩模块后产生的信号仍为双极性信号，为进行比较，图 3-12.9 中的原信号仍需用 Relay 模块将其从最初始的单极性信号变更为双极性信号，同时还要加入 Unit Delay 模块进行延时，保证两个比较信息的同步。

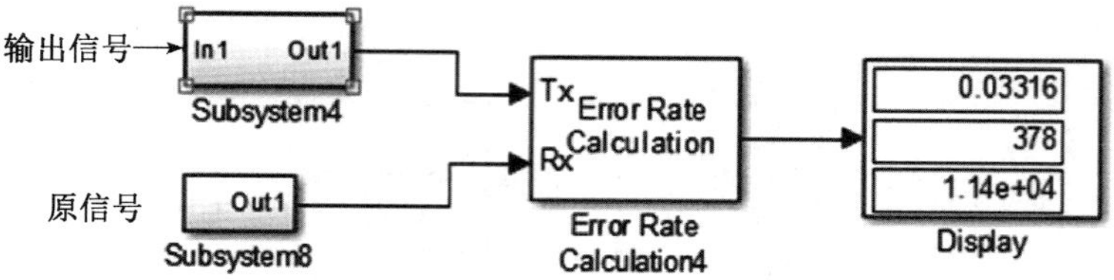

图 3-12.9　误码率计算模块

4）总体设计电路图

总体设计电路如图 3-12.10 所示。

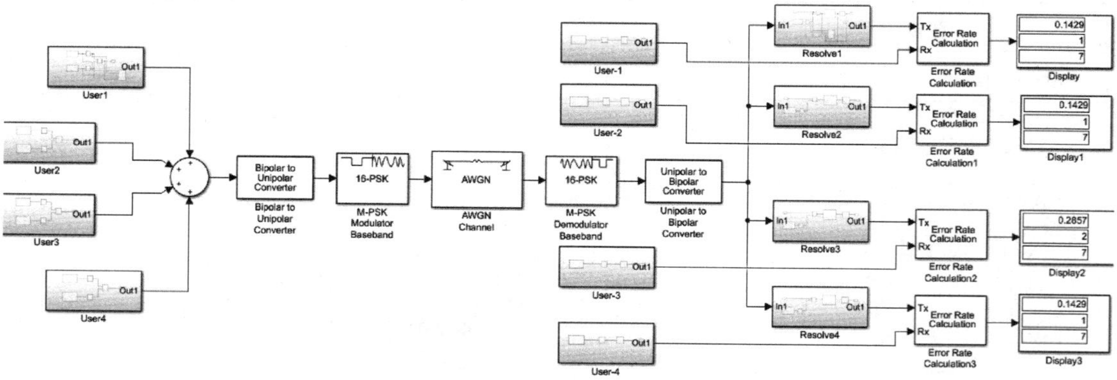

图 3-12.10　总体设计电路

六、拓展思考

（1）将调制方式由 16PSK 修改为 8PSK 和 32PSK，整个系统发生什么变化？

（2）挑选一个用户信号进行前后对比，分析信噪比对误码率的影响（0～20 dB）。

提示：关于信噪比的改变可以使用 MATLAB 中的 Bertool 模块，使用时注意以下三点。

① AWGN 模块需将 Mode 设置为 Eb/No，同时值设为 EbNo。

② Error Rate Calculation 模块将 Output mode 设置为 Workspace，并设置变量名。

③ Bertool 中选择 Monte Carlo，设置信噪比区间，BER variable name 设置为上一步设定的变量名，以便对应输出。

（3）对比分析用户数量对误码率的影响，记录数值并绘图比较。

扫码查看实验十二的更多信息

第四章
无线信道分析与传输衰减分析

实验十三　无线电波天线辐射及其 MATLAB 仿真模拟

一、实验目的

（1）分析对称振子天线电磁辐射。

（2）了解组合对称振子信号矢量合成方法。

（3）分析信号频率、对称振子长度对天线辐射的影响。

（4）熟练运用 MATLAB 进行数值计算和绘图。

二、实验设备

MATLAB 仿真软件及 Simulink 工具箱。

三、实验原理：对称振子天线辐射

1. 电磁波及干涉

1）电磁场与电磁波

电磁场是有内在联系、相互依存的电场和磁场的总称。随时间变化的电场产生磁场，随时间变化的磁场产生电场，二者互为因果，形成电磁场。电磁场可由变速运动的带电粒子引起，也可由强弱变化的电流引起，但不论原因如何，电磁场总是以光速向四周传播，形成电磁波。电磁场是电磁作用的媒介，具有能量和动量，是物质的一种存在形式。电磁场的性质、特征及其运动变化规律由麦克斯韦方程组确定。

电磁波是电磁场的一种运动形态。然而在高频振荡电路中，磁电互变甚快，能量不可能全部返回原振荡电路，于是电能、磁能随着电场与磁场的周期转化以电磁波的形式传播出去。电磁波为横波，电磁波的磁场、电场及其行进方向三者互相垂直。电磁辐射由低频率到高频率主要分为无线电波、微波、红外线、可见光、紫外线、X 射线和 γ 射线。

2）无线电波发射

有效地向外界发射电磁波的条件是：首先，振荡电路要有足够高的振荡频率，频率越高，发射电磁波的本领越大；其次，振荡电路为开放电路，电场与磁场分散到尽可能大的空间，才能有效地将电磁场的能量传播出去。

导线载有交变电流时会形成电磁波辐射，辐射的能力与导线的长短和形状有关。如果两根导线的距离很近，且两根导线所产生的感应电动势几乎可以抵消，辐射就会很微弱；如果将两根导线张开至 180°，这时两根导线的电流方向相同，产生的感应电动势方向相同，因而辐射较强（图 4-13.1）。当导线的长度远小于波长时，导线的电流很小，辐射很微弱；当导线的长度与波长近似时，导线的电流就大大增加，从而形成较强的辐射。

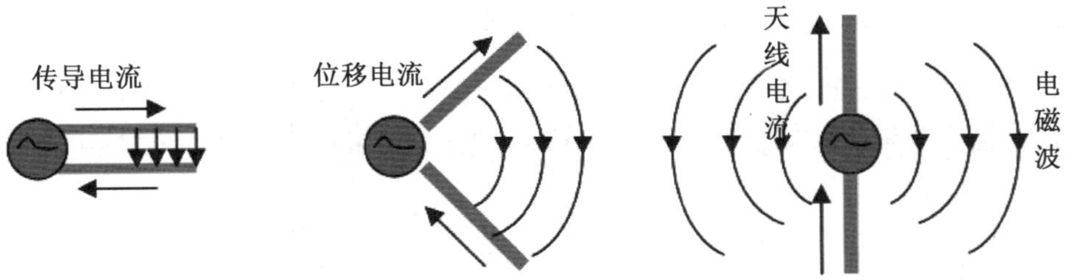

图 4-13.1 导线产生的电磁波辐射

3）无线电波传播

无线电波有沿地面传播的地面波，还有在空中传播的空中波。波长越长的地面波，其衰减也越少。电磁波的波长越长，越容易绕过障碍物继续传播。中波或短波等空中波则是靠围绕地球的电离层与地面的反复反射而传播的（电离层在离地面 50～400 km 之间）。振幅沿传播方向的垂直方向作周期性变化，其强度与距离的平方成反比。波本身带有能量，任何位置的能量、功率与振幅的平方成正比，其速度等于光速（约 30 万 km/s）。光波也是电磁波，无线电波也有和光波同样的特性，如当它通过不同介质时，也会发生折射、反射、绕射、散射及吸收等。对于在空间中传播的电磁波，距离最近的电场（磁场）强度方向相同，且量值最大的两点之间的距离就是电磁波的波长 λ。电磁波的频率 f 即振荡电流的频率，速度是 c。根据 $\lambda f = c$，求出 $\lambda = c/f$。

4）电磁波干涉

电磁波干涉是指两列或两列以上的电磁波在空间中发生叠加，从而形成新波形的现象。两列波在同一介质中传播时发生重叠，重叠范围内介质的质点同时受到两个波的作用。若波的振幅不大，此时重叠范围内介质质点的振动位移等于各波动所造成位移的矢量和，这称为波的叠加原理。若两波的波峰（或波谷）同时抵达同一地点，称两波在该点同相，干涉波会产生最大的振幅，称之为相长干涉（建设性干涉）；若两波之一的波峰与另一波的波谷同时抵达同一地点，称两波在该点反相，干涉波会产生最小的振幅，称之为相消干涉（摧毁性干涉）。

2. 对称振子天线基本特性

对称振子是最基本的天线，它是组成线状天线或面式天线的基本单元，又被称为点式天线（图 4-13.2）。所谓对称振子，即在中心断开馈电的导线，振子的长度一般用 l 来表示。在发射机输出电压的作用下，对称振子上产生电流并对外辐射电磁波能量，在远离对称振子的

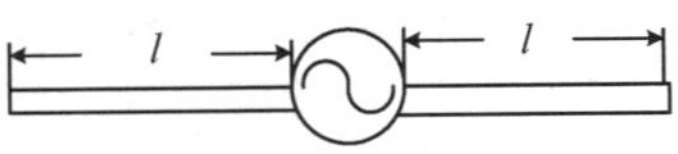

图 4-13.2 对称振子

空间任一点存在交变电磁场。

图 4-13.3 为对称振子的电流分布。l 是对称振子的臂长；I_m 是电流振幅；α 是相位常数，等于 $2\pi/\lambda$；θ 是空间任一点与对称振子中心连线和 z 轴的夹角；r 是空间任一点至对称振子中心的距离。对称振子的辐射场特性，其电场 $\boldsymbol{E}_\theta = j\dfrac{60I_m}{r}\left[\dfrac{\cos(\alpha l\cos\theta)-\cos(\alpha l)}{\sin\theta}\right]e^{-i\alpha r}$，磁场 $\boldsymbol{H}_\varphi = \dfrac{\boldsymbol{E}_\theta}{120\pi}$，电磁波能流密度 $\boldsymbol{S}=\boldsymbol{E}_\theta\boldsymbol{H}_\varphi$。这种电磁场的电场矢量 $\boldsymbol{E}_\theta$ 沿 θ 方向，磁场矢量 $\boldsymbol{H}_\varphi$ 沿 φ 方向，从而电磁波能流密度(称为乌莫夫-波印亭矢量)矢量 $\boldsymbol{S}$ 沿 r 方向，即电磁波沿着径向传播。矢量 $\boldsymbol{E}_\theta$、$\boldsymbol{H}_\varphi$ 和 $\boldsymbol{S}$ 分别绘在球面坐标上，如图 4-13.4 所示。

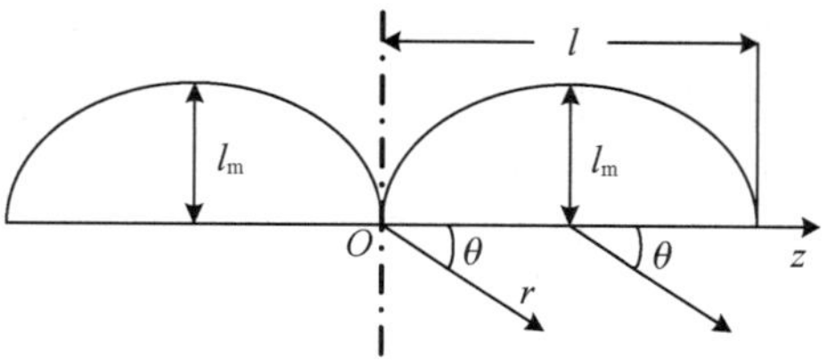

图 4-13.3 对称振子的电流分布

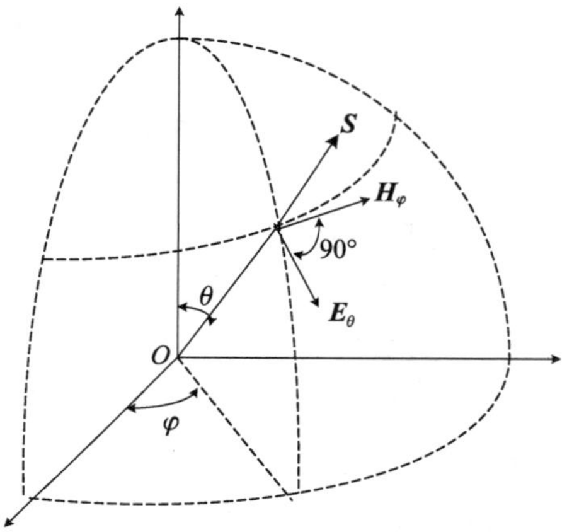

图 4-13.4 球面波

3. 二元组合阵列天线

假定有一个对称振子 l，其放置与 z 轴平行，如图 4-13.5(a)所示，其输入功率为 P_A，输入电阻为 R_A，则输入电流的峰值为

$$I_A=\sqrt{2P_A/R_A} \tag{4-13.1}$$

在与振子轴垂直并相距 r 的 M 点或 N 点的场强为

$$E_0=AI_A \tag{4-13.2}$$

式中，A 为与电流无关的常数。

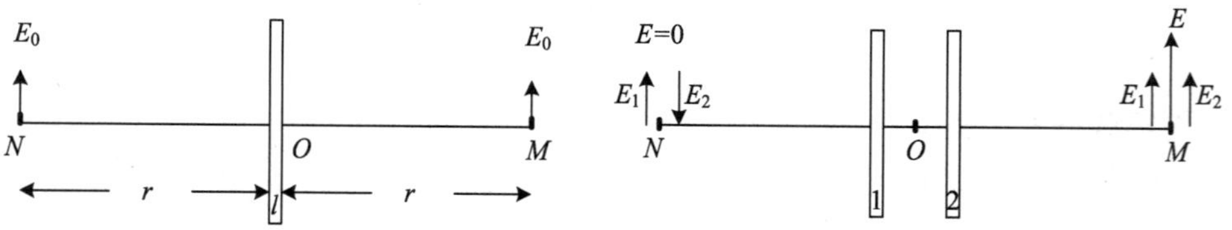

(a) 单一振子辐射　　(b) 两相邻振子辐射

图 4-13.5 方向性增强原理

将式(4-13.2)代入式(4-13.3)后，得

$$E_0 = A\sqrt{2P_A/R_A} \tag{4-13.3}$$

沿 x 轴增加一个振子，并依然与 z 轴平行，如图 4-13.5(b)所示。两个振子相距 $\lambda/4$，其输入总功率仍为 P_A，并平分给两个振子。设两个振子上的电流振幅大小一样，但振子 2 中的电流落后振子 1 中的电流 90°。

求 M 点的场强。在 OM 方向，振子 2 比振子 1 靠近观察点，因而振子 2 辐射的电磁波要比振子 1 辐射的电磁波少走 $\lambda/4$ 的路程。也就是在 OM 方向，由于行程差，振子 2 辐射的电磁波要导前振子 1 辐射的电磁波 90°相位角，但振子 2 上的电流又落后振子 1 上的电流 90°相位角，故在 OM 方向 M 点由两振子产生的电磁场之间无相位差，其总场强为 $E = E_1 + E_2$。又因两振子上电流大小相等，故 $E_1 = E_2$。这时每个振子上的输入功率为 $P_A/2$，所以 $E_1 = E_2 = A\sqrt{\frac{1}{2} \times \frac{2P_A}{R_A}} = \sqrt{\frac{1}{2}} E_0$，即 M 点的总场强为 $E = E_1 + E_2 = 2E_1 = 2\sqrt{\frac{1}{2}} E_0 = \sqrt{2} E_0$，它是单个振子时的 $\sqrt{2}$ 倍。

对于相反方向，当只有振子 1 时，ON 方向的 N 点场强仍为 E_0；当有两个振子时，振子 2 在行程上比振子 1 远 $\lambda/4$，因而振子 2 在 ON 方向的 N 点所建立的场强落后于振子 1 所建立的场强 90° 相位角，但振子 2 的电流又落后振子 1 的电流 90° 相位角，结果在 ON 方向的 N 点由两个振子所辐射的场强大小相等(因两个振子上的电流相等)，相位相反，导致在 ON 方向的 N 点没有场强，即 $E = E_1 + E_2 = 0$。

对于远区空间任意一点，两个振子产生的场强分别为

$$E_1 = j\,\frac{60I_{1m}}{r}\,\frac{\cos[\alpha l\cos\theta - \cos(\alpha l)]}{\sin\theta}\mathrm{e}^{-jkr_1} = j\,\frac{60I_{1m}}{r} f_1(\theta,\ \varphi)\mathrm{e}^{-jkr_1} \tag{4-13.4}$$

$$E_2 = j\,\frac{60I_{2m}}{r}\,\frac{\cos[\alpha l\cos\theta - \cos(\alpha l)]}{\sin\theta}\mathrm{e}^{-jkr_2} = j\,\frac{60I_{2m}}{r} f_2(\theta,\ \varphi)\mathrm{e}^{-jkr_2} \tag{4-13.5}$$

在赤道面中，$\theta = \pi/2$，所以在赤道面的远区任一点的合成场强为

$$E = E_1 + E_2 = j\,\frac{60I_{1m}}{r} f_1(\varphi)\mathrm{e}^{-jkr_1}[1 + m\mathrm{e}^{j(\psi + \alpha d\cos\varphi)}] = E_1(1 + m\mathrm{e}^{j\xi}) \tag{4-13.6}$$

式中，ψ 为电流相位差，$\xi = \psi + \alpha d\cos\varphi$。

合成场的大小为

$$|E| = \frac{60I_{1m}}{r} f_1(\varphi)\sqrt{1 + m^2 + m\cos\xi} = \frac{60I_{1m}}{r} f_1(\varphi) f(\varphi) \tag{4-13.7}$$

式中，$f_1(\varphi) = f_1(\theta,\ \varphi) = \frac{\cos[\alpha l\cos\theta - \cos(\alpha l)]}{\sin\theta}$，$f(\varphi) = \sqrt{1 + m^2 + m\cos\xi}$。

同理可得，在子午面中，取 $\varphi = \pi/2$，在子午面远区任一点的合成场强大小为

$$|E|=\frac{60I_{1m}}{r}\frac{\cos[\alpha l\cos\theta-\cos(\alpha l)]}{\sin\theta}\sqrt{1+m^2+m\cos\xi}=\frac{60I_{1m}}{r}f_1(\theta)f(\theta) \tag{4-13.8}$$

四、实验内容

1. 对称振子天线电磁波能流密度绘制

(1) R 固定，φ 取值为 $\pm\pi/2$，θ 在 $0\sim2\pi$ 变化，绘制子午面电场图[图 4-13.6(a)]。

(2) R 固定，θ 取值为 $\pi/2$，φ 在 $0\sim2\pi$ 变化，绘制赤道面电场图[图 4-13.6(b)]。

(3) R 固定，θ 在 $0\sim2\pi$ 变化，φ 在 $0\sim2\pi$ 变化，计算电磁波能流密度 $\boldsymbol{S}$，并用 MATLAB 中的 Mesh 函数绘制其三维图[图 4-13.6(c)]。

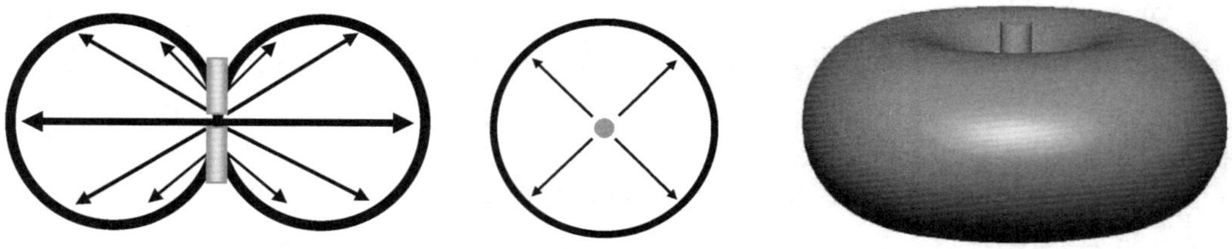

(a) 子午面内方向　　(b) 赤道面内方向　　(c) 立体球面

图 4-13.6　对称振子天线电磁波能流密度

2. 二元组合阵列天线电场强度绘制

(1) R 固定，φ 取值为 $\pi/2$，θ 在 $0\sim2\pi$ 变化，绘制子午面电场图。

(2) R 固定，θ 取值为 $\pi/2$，φ 在 $0\sim2\pi$ 变化，绘制赤道面电场图。

五、实验步骤

1. 对称振子天线电磁波能流密度绘制

(1) 设定参数(如设置 Lam=100，Im=1，r=1000，l=1 等)。

(2) 利用电场公式计算电场值。

(3) 利用 θ 和 φ 与电场和电磁波能流密度的关系绘图。

注：绘图函数为 mesh(x,y,z)。

2. 二元组合阵列天线电场强度绘制

1) 子午面电场图绘制

(1) 设定参数(如 Lam=100，Im=1，r=1 000，l=0.25，d=Lam/4 等)。

(2) 利用子午面的合电场计算电场值。

(3) 利用 θ 与电场的关系画图。

2) 赤道面电场图绘制

(1) 设定参数(如 Lam=100，Im=1，r=1 000，l=0.25，d=Lam/4 等)。

(2) 利用赤道面的合电场公式计算电场值。

（3）利用 φ 与电场的关系画图。

六、拓展思考

（1）尝试分析多种不同信号频率对对称振子天线信号辐射的影响。

（2）修改对称振子的长度，观察天线的信号辐射会发生怎样的变化。

扫码查看实验十三
的更多信息

实验十四　无线信道衰减及其 MATLAB 仿真计算

一、实验目的

（1）了解无线电波在自由空间传播时路径损耗与频率、传输距离的关系。

（2）了解不同环境下无线信号传输的路径损耗模型。

（3）多径传播建模与分析。

二、实验设备

MATLAB 仿真软件及 Simulink 工具箱。

三、实验原理：无线信道衰减理论

1. 路径损耗

路径损耗的定义为有效发射功率与平均接收功率的比值。路径损耗由发射功率的辐射扩散及信道的传播特性造成，反映在宏观长距离传输上。理论上认为，对于相同收发距离，路径损耗相同。常用的描述大尺度衰落的模型有自由空间模型、对数距离路径损耗模型、Hata 模型。

1）自由空间模型

自由空间是指天线周围为无限大的真空时的电波传播空间环境，它是一种理想的传播条件。电波在自由空间传播时，其能量既不会被障碍物吸收，也不会产生反射或散射，传播路径上没有障碍物阻挡，到达接收天线的地面反射信号场强也可以忽略不计。

自由空间模型中路径损耗计算公式为

$$L_s=\frac{P_t}{P_r}=\left(\frac{4\pi df}{c}\right)^2\frac{1}{G_tG_r} \tag{4-14.1}$$

式中，P_t 为发射功率；P_r 为接收功率；d 为发射端与接收端的距离；f 为载波频率；c 为光速，取 3×10^8 m/s；G_t 为发射端天线增益；G_r 为接收端天线增益。

将式(4-14.1)转换成分贝表示为

$$L_s(\text{dB})=10\lg\frac{P_t}{P_r}=32.45+20\lg d+20\lg f-10\lg(G_tG_r) \tag{4-14.2}$$

式中，d 的单位为 km，f 的单位为 MHz。发射端与接收端如果均是全向天线，则 $G_t=G_r=1$。

2）对数距离路径损耗模型

与前面提到的自由空间路径损耗一样，在其他实际环境中，平均接收信号功率随距离 d 呈对数方式减小。通过引入随环境而改变的路径损耗指数 n 可以修正自由空间模型，从而构造出一个更为普遍的路径损耗衰落模型：

$$L_{s\_log}(\mathrm{dB}) = L_s(d_0) + 10n\lg\left(\frac{d}{d_0}\right) \tag{4-14.3}$$

式中，d_0 是一个参考距离，在参考距离或接近参考距离的位置，路径损耗具有自由空间路径损耗的特点。如表 4-14.1 所列，路径损耗指数主要由传播环境决定，对于不同的传播系统必须确定合适的参考距离 d_0。例如，在大覆盖范围的蜂窝系统（半径大于 10 km 的蜂窝系统）中，通常会设置 $d_0 = 1$ km，对于小区半径为 1 km 的宏蜂窝系统或具有极小半径的微蜂窝系统，可以分别设置参考距离为 100 m 和 1 m。

表 4-14.1　　路径损耗指数

环境	路径损耗指数 n	环境	路径损耗指数 n
自由空间	2	建筑物内视距传输	1.6～1.8
市区蜂窝	2.7～3.5	建筑物内障碍物阻挡	4～6
市区蜂窝阴影	3～5	工厂内障碍物阻挡	2～3

3）Hata 模型

Hata 模型以市区传播损耗为标准，其他地区在此基础上进行修正。中值路径损耗的经验公式为

$$L_M = 69.55 + 26.16\lg f - 13.82\lg H_b + (44.9 - 6.55\lg H_b)\lg d - a(h_m) \tag{4-14.4}$$

式中，$a(h_m)$ 为修正因子，由所在环境决定。

Hata 模型适用条件：载波频率 $f = 150 \sim 1\,000$ MHz，基站高度 $H_b = 30 \sim 100$ m，移动台高度 $H_m = 1 \sim 10$ m，收发天线距离（小区半径）$d = 1 \sim 20$ km。

中小城市修正因子

$$a(h_m) = (1.11\lg f - 0.7)H_m - 1.56\lg f - 0.8 \tag{4-14.5}$$

大城市且载波频率 $f < 200$ MHz 时，修正因子

$$a(h_m) = 8.29[\lg(1.54H_m)]^2 - 1.1 \tag{4-14.6}$$

大城市且载波频率 $f > 400$ MHz 时，修正因子

$$a(h_m) = 3.2[\lg(11.75H_m)]^2 - 4.97 \tag{4-14.7}$$

郊区修正因子

$$a(h_m)=2[\lg(f/28)]^2+5.4 \tag{4-14.8}$$

农村修正因子

$$a(h_m)=40.98+4.78(\lg f)^2-18.33\lg f \tag{4-14.9}$$

2. 多径衰落

多径衰落指当移动台在较短距离内移动时，由多条路径的相消或相长干涉引起信号电平的快速波动。当多径信号以可变相位到达接收天线时会引起干涉(即相位相同的相长干涉、相位不同的相消干涉)。

在性质上，多径衰落属于一种微观(以毫秒计的短时间内)的快速变化。在移动通信中，多径衰落是对解调信号质量影响最大的一种衰落。

当环境复杂时，接收机收到来自不同方向的反射波，为了分析方便，此处假设环境为广阔原野地区，只有来自地面的反射，接收机只接收到地面反射波与直射波的合成波，对该双射线进行几何分析，如图 4-14.1 所示，该模型称为双射线模型。

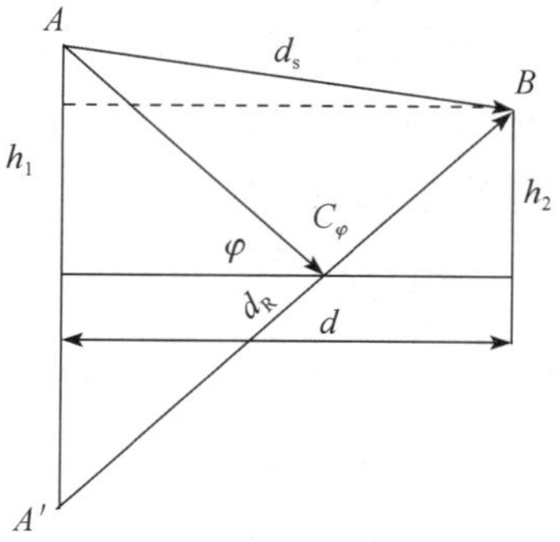

图 4-14.1 双射线模型

由发射点 A 发出的电波分别经过直射线(AB)与地面反射路径(ACB)到达接收点 B，由于二者的路径不同，会产生附加相移。由图 4-14.1 可知，反射波与直射波的路径差为

$$\begin{aligned}\Delta d&=d_R-d_S=\sqrt{d^2+(h_t+h_r)^2}-\sqrt{d^2+(h_t-h_r)^2}\\&=\frac{d^2+(h_t+h_r)^2-[d^2+(h_t-h_r)^2]}{\sqrt{d^2+(h_t+h_r)^2}+\sqrt{d^2+(h_t-h_r)^2}}\\&\approx\frac{4h_th_r}{2d}=\frac{2h_th_r}{d}\end{aligned} \tag{4-14.10}$$

由路径差 Δd 引起的附加相移为

$$\Delta\varphi=\frac{2\pi}{\lambda}\Delta d=\frac{2\pi}{\lambda}\cdot\frac{2h_th_r}{d} \tag{4-14.11}$$

式中，$2\pi/\lambda$ 为传播相移常数。

这时接收点场强 E 可表示为

$$E=E_0(1+R\mathrm{e}^{-\mathrm{j}\Delta\varphi})=E_0[1+|R|\mathrm{e}^{-\mathrm{j}(\varphi+\Delta\varphi)}] \tag{4-14.12}$$

接收点信号功率

$$P_R=\frac{|E|^2}{2\eta_0}=\frac{|E_0[1+|R|\mathrm{e}^{-\mathrm{j}(\varphi+\Delta\varphi)}]|^2}{2\eta_0} \tag{4-14.13}$$

式中，η_0 为自由空间特性阻抗。

考虑到地面传播环境下 $R \approx -1, \Delta\varphi \ll 1$(弧度),有

$$\begin{aligned} P_{\mathrm{R}} &= P_{\mathrm{T}}\left(\frac{\lambda}{4\pi \mathrm{d}}\right)^2 \left| 1 + R\mathrm{e}^{-\mathrm{j}(\Delta\varphi)} \right|^2 \\ &= P_{\mathrm{T}}\left(\frac{\lambda}{4\pi \mathrm{d}}\right)^2 \left| 1 - \cos\Delta\varphi - \mathrm{j}\sin\Delta\varphi \right|^2 \\ &\approx P_{\mathrm{T}}\left(\frac{\lambda}{4\pi \mathrm{d}}\right)^2 \Delta\varphi^2 = \frac{P_{\mathrm{T}}(h_t h_r)^2}{d^4} \end{aligned} \tag{4-14.14}$$

四、实验内容

1. 路径损耗

(1) 自由空间路径损耗随距离、频率的变化。在 f 依次为 2.4 GHz, 2.6 GHz, 2.8 GHz, 3.0 GHz的情况下,绘制出自由空间模型的路径损耗随距离的变化图,距离取值范围为 0～10 km。

(2) 对数距离路径损耗随距离、路径损耗指数的变化。设频率为 2.4 GHz,分析计算在 $n=2$, $n=3$, $n=4$, $n=5$, $n=6$ 的情况下的对数距离路径损耗,距离变化范围为 0～10 km。

(3) Hata 模型路径损耗随距离、频率的变化曲线。

① 当 $f_c=200$ MHz, $H_b=60$ m, $H_m=1$ m 时,画出路径损耗随距离以及对数距离变化(0～20 km)的曲线。

② 当 $H_b=60$ m, $H_m=1$ m, $d=2$ km 时,画出路径损耗随频率以及对数频率变化(150 MHz～1 500 MHz)的曲线。

2. 双射线模型接收点信号场强及功率计算

(1) 计算接收点场强。设 $h_t=60$ m, $h_r=1$ m, $f=20$ GHz,随着距离 d(0～20 km)的变化,画出原始场强 E 的变化趋势。

(2) 计算接收点功率。当 $P_T=20$ W, $h_t=60$ m, $h_r=1$ m 时,画出 P_R随距离 d (1～20 km)变化的图像。

五、实验步骤

1. 路径损耗

1) 自由空间模型

路径损耗计算: L = 20 * log10((4 * pi * d) ./ (3e8 / fc));

L 绘图: plot(d, L(d, fc));

%设置不同的频率 fc,再分别画出各个频率以及对数频率下的路径损耗

2) 对数距离路径损耗模型

对数路径损耗随距离以及对数距离变化曲线: lamda = 3e8 / fc;

d<500: pl = 20 * log10((4 * pi * 1) ./ lamda) + 10 * n * log10(d / 1);

500< d<1000: pl = 20 * log10((4 * pi * 100) ./ lamda) + 10 * n * log10(d / 100);

```
1000< d<10000：pl = 20 * log10((4 *  pi * 500) ./ lamda) + 10 * n * log10(d / 500);
d>10000：pl = 20 * log10((4 * pi * 1000) ./ lamda) + 10 * n * log10(d /1000);
```

3）Hata 模型

（1）当 fc=200MHz，Hb=60，Hm=1 m 时

```
%输入：d — 传输距离(m)；fc — 载波频率(Hz)；htx — 发送天线高度(m)
%hrx —接收电线高度(m)
%type —传播环境类型('urban', 'zhongxiao_urban','suburban', 'open')
%输出：  pl — 路径损耗[dB]
%fc = fc / 1e6;
    Crx = 0.8 + (1.11 * log10(fc)) * hrx - 1.56 * log10(fc);
%中小城市 Hata 模型修正因子
    pl = 69.55 + 26.16 * log10(fc) - 13.82 * log10(htx) - Crx +
        (44.9 - 6.55 * log10(htx)) * log10(d );%对距离变化很敏感
%市区 Hata 模型
if (fc >= 150) && (fc < 200)
        Crx = 8.29 * (log10(1.54 * hrx)).^2 - 1.1;
elseif (fc >= 400) && (fc < 1500)
        Crx = 3.2 * (log10(11.75 * hrx)).^2 - 4.97;
elseif (fc >= 200) && (fc < 400)
        Crx = 0;
end
    pl = 69.55 + 26.16 * log10(fc) - 13.82 * log10(htx) - Crx +
        (44.9 - 6.55 * log10(htx)) * log10(d );%对距离变化很敏感
%郊区 Hata 模型
    pl = 69.55 + 26.16 * log10(fc) - 13.82 * log10(htx) + (44.9 -
        6.55 * log10(htx)) * log10(d )- 2 * (log10(fc / 28)).^2 - 5.4;
%农村 Hata 模型
    pl = 69.55 + 26.16 * log10(fc) - 13.82 * log10(htx)  + (44.9 -
        6.55 * log10(htx)) * log10(d ) - 4.78 * (log10(fc).^2) + 18.33 *
        log10(fc) - 40.98;
```

（2）当 Hb=60 m，Hm=1 m，d=2 km 时，画出路径损耗随频率变化的曲线。修改参数取值，计算步骤同上。

2. 双射线模型接收点信号场强及功率计算

（1）计算接收点场强并画出场强随距离的变化（分 x，y 两个方向）。

① 设置距离参数间隔：d=1：0.1：20；

② 计算：Ex=1−cos(1./d)；Ey=sin(1./d)；

③ 用 plot 函数绘图：plot(d,Ex);plot(d,Ey);

(2) 计算接收点接收功率并画出功率随距离的变化。

① 设置距离变化的间隔：d=1：0.1：20;

② 将已知参数代入公式计算：P_R=20*(60*1)^2./(d.^4);

③ 用 plot 函数绘图。

六、拓展思考

(1) 当已知接收机灵敏度时，如何计算和判别有效传输距离？

(2) 将信号频率改变为 5 GHz，10 GHz，20 GHz，50 GHz，重新计算自由空间路径损耗，并绘制其曲线。

扫码查看实验十四的更多信息

实验十五 复杂交通环境无线信号干扰分析及网络部署

一、实验目的及要求

(1) 熟悉无线信号传输模拟软件 Wireless InSite 的基本功能操作。

(2) 了解地铁车站、城市道路、高速公路/铁路各交通环境下无线传输的特征。

(3) 掌握在软件中对复杂交通实验环境进行建模和参数设置的方法。

(4) 分析各类复杂交通环境中的无线电波传播干扰、可视化无线场强分布,并依据交通信息传输需求实现对交通信息无线网络接入点 AP 布局的优化。提交的实验报告应清楚地描述实验流程、各种类型交通场景下的物理环境布局、相关设施的物理尺寸和材质、算法模型、可视化传播路径、传输特性分析等。实验内容包括实地调研分析、场景建模、传输特性分析、网络部署优化四部分。

二、实验设备

Wireless InSite 无线仿真软件。

三、Wireless InSite 无线仿真软件及室内、野外无线传输建模

1. Wireless InSite 软件简介

Wireless InSite 是美国 Remcom 公司的一款无线电磁传播建模仿真分析软件。采用高频电磁处理方法,它可以在 50 MHz~40 GHz 频段内提供精确的计算结果。该软件主要用于对城市、郊区、室内等规则区域,山脉、植被区等非规则地形,机场、大型舰船等复杂平台的电磁环境预测分析。该软件基于一致性绕射理论(Uniform Theory of Diffraction, UTD)、几何绕射理论(Geometrical Theory of Diffraction, GTD),采用物理光学、SBR/ER(射线跟踪)方法建立传播模型,同时使用计算机图形的方法加速模型的建立和处理。软件所采用的算法包括 2D、3D 以及快速 3D 的算法,根据绕射的特性以及与物体相关的反射、透射系数评估电场、磁场,并通过将电场与具体的天线模式相结合来计算路径损耗、到达时间以及到达角度等。该软件能够实现复杂城区环境、室内环境、野外环境以及其他多径环境中精确有效的无线传播预测及信道特性预测。

2. 软件功能应用及无线传输模型

1) 主窗口界面简介

主窗口完成仿真的所有设置工作,具体标签(tab)如下。

(1) Feature:该标签包含城市(city)、地形(terrain)、植被(foliage)、楼层平面(floor plan)以及物件(object)。

（2）Image：用于在已有的地形上定位其他物体。Image 是很有用的参照。

（3）Study areas：设置传播模型、反射阶数、透射阶数以及绕射阶数等。

（4）Transmitters：设置发射机的类型、数量和位置。

（5）Receivers：设置接收机的类型、数量和位置。

（6）Comm. systems：进行通信系统分析模块中相关参数的设置。

（7）Materials：设置 Feature 模块中各个对象的材料参数。

（8）Antennas：设置发射机和接收机使用的天线类型和天线参数。

（9）Waveforms：设置发射天线和接收天线的激励波形类型、载频、带宽等参数。

（10）Requested output：选择想要输出的仿真结果。

（11）Output：仿真结果查看。

2）功能应用

（1）室内应用。Wireless InSite 可以在图形用户界面中实现室内楼层平面传播建模（图 4-15.1），模拟办公室、房屋、隧道、机场等环境，分析从发射机到各楼层平面内各个区域的路径损耗和传播路径。

（2）混合场景应用。Wireless InSite 可以实现从室外到室内混合场景传播建模，能够仿真和分析室外发射机在室外的覆盖，以及预测信号穿透建筑物后在建筑物内部的传播路径和场强覆盖（图 4-15.2）。

（3）城区应用。Wireless InSite 具有模拟信号在整座城市传播损耗的能力（图 4-15.3），可以导入并显示天线模式图，显示信号在发射机和接收机之间的传播路径。

（4）野外应用。Wireless InSite 在野外非规则地形方面的应用主要为实现发射机对接收区域的覆盖以及对某一接收机的多径传播预测。Wireless InSite 能提供全三维的传播模型，实现对野外地形的传播预测（图 4-15.4）。

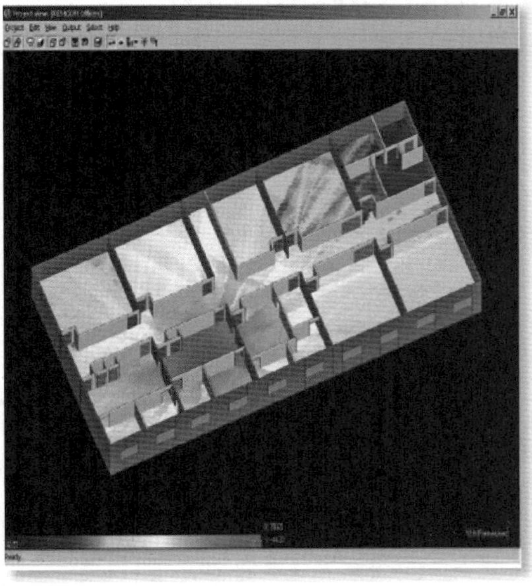

图 4-15.1　室内应用

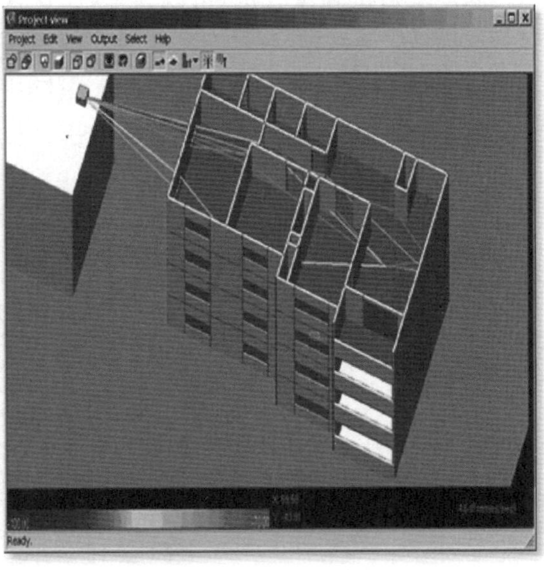

图 4-15.2　混合场景应用

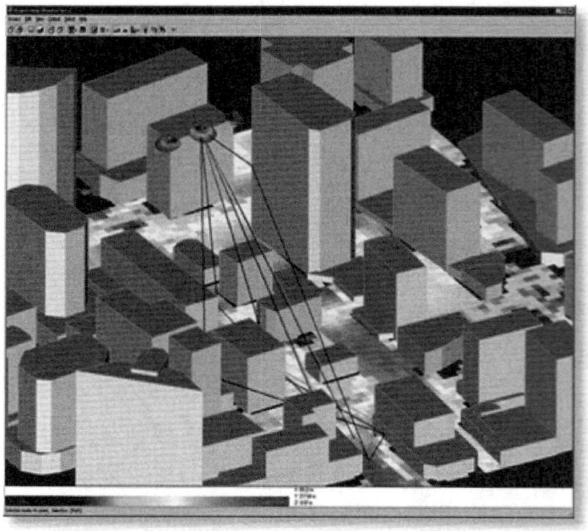

图 4-15.3　城区应用

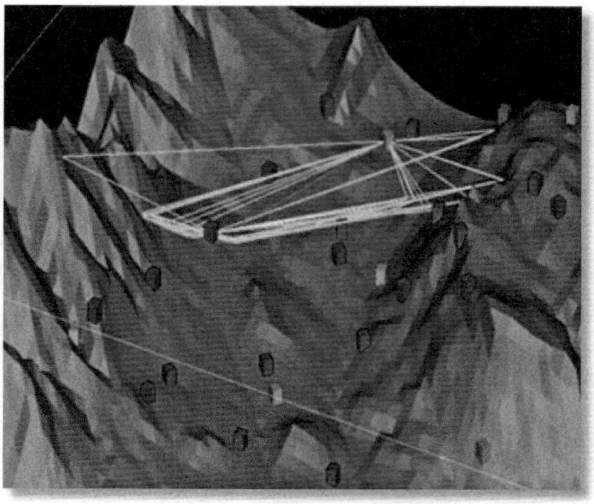

图 4-15.4　野外应用

3）无线传播模型

（1）Full 3D 模型。使用全 3D 射线跟踪，全面使用 UTD 算法。

（2）Fast 3D Urban 模型。主要用于城市环境，基于 2D 射线跟踪，同时包含传播的射线，选择性地计算高过屋顶的传播路径。

（3）Urban Canyon（都市峡谷）模型。该模型对复杂的城市环境采用一种快速和稳健的射线跟踪算法，射线路径会存储下来，在重新计算不同的频率、天线、发射机或建筑物墙面材料时会提高速度。模型预设建筑物很高，天线高度很小，地形相对平坦，此模型将忽略高过屋顶以及被地形阴影遮蔽的传播路径。

3. 发射机和接收机

创建发射机和接收机，可以模拟收/发点在仿真环境中的移动，设置发射功率、天线类型、天线旋转、天线定义的波形、相对于地形的位置等重要信息。

1）收发信机的类型

收发信机的类型如表 4-15.1 所列。

表 4-15.1　　收发信机类型

序号	类型名称	含义
1	Points	独立设置的各个点
2	Route	沿着某些线段的一系列连续的点
3	XY grid	高度为常量的点阵
4	Horizontal arc	沿着某圆弧的一系列点
5	Vertical arc	在 *XZ* 或 *YZ* 平面的圆弧
6	Cylinder	以某一垂线为中轴的圆柱面

（续表）

序号	类型名称	含义
7	Polygon	可以有任意个顶点的平面多边形区域
8	Vertical surface	垂直的路径
9	Points-on-face	固定于某一表面的点
10	User-defined file	用户定义的一系列点的坐标

2）收发信机属性设置

（1）天线。在同一个收发信机中的每一个点都使用相同的天线设置（表 4-15.2），并根据频率和角度来计算所有收发射线的权重。

表 4-15.2　　天线类型

序号	天线类型	备注	序号	天线类型	备注
1	短偶极子	short dipole	7	圆形/矩形环路	circular and rectangular loops
2	理想单极子	ideal monopole	8	圆形/矩形孔径	circular and rectangular loops
3	线性双极子	linear dipole	9	圆形/矩形贴片	circular and rectangular patch
4	半波偶极子	half—wave dipole	10	喇叭	horn
5	线性单极子	linear monopole	11	抛物面反射天线	parabolic reflector
6	轴向螺旋	axial mode helix			

（2）波形。在同一个收发信机中的每一个点都使用相同的波形设置，该设置定义了发射的频率和接收的带宽，可以选择天线自带的波形或其他指定波形（表 4-15.3）。

表 4-15.3　　波形类型

序号	类型	波形名称
1	默认波形	正弦波
2	通用脉冲波形	高斯脉冲，高斯脉冲序列
3	DSP 滤波器波形	布莱克窗（Blackman envelope），汉明窗（Hamming envelope），汉宁窗（Hanning envelope），Tukey 窗（Tukey envelope）
4	数字通信脉冲波形	升余弦，根余弦

（3）发射功率（dBm），仅用于发射机，用来设置每个发射机点的发射总功率，默认值是 0.0 dBm。

（4）步距。设置统一路径、平面和圆弧上相邻的两个接收机步距，以米为单位。

4. 室内、野外环境建模

支持几何建模工具及完善的数据导入，能够完成室内及野外的起伏地形、植被、具体物体等的建模。

材料分为两大类：一类是无生命的建筑材料，另一类是有生物特征属性的植被材料。软件包含一个材料库，预定义了许多常用的材料类型，主要包括：①泥土、沙土、混凝土、砖、木材、金属、玻璃等；②密集落叶林（茂盛期）、稀疏落叶林（茂盛期）、密集落叶林（落叶期）、稀疏落叶林（落叶期）、密集针叶林、稀疏针叶林等。

对室内环境，需要对其所有墙壁、门、地板、窗户等物体的材料进行参数设置（图 4-15.5）。需要设定地板到天花板的高度；为不同的墙体材料类型赋不同的颜色，墙体材料和颜色的设定与地板和天花板的设定方法相同，墙体材料可以在项目体系树中编辑。

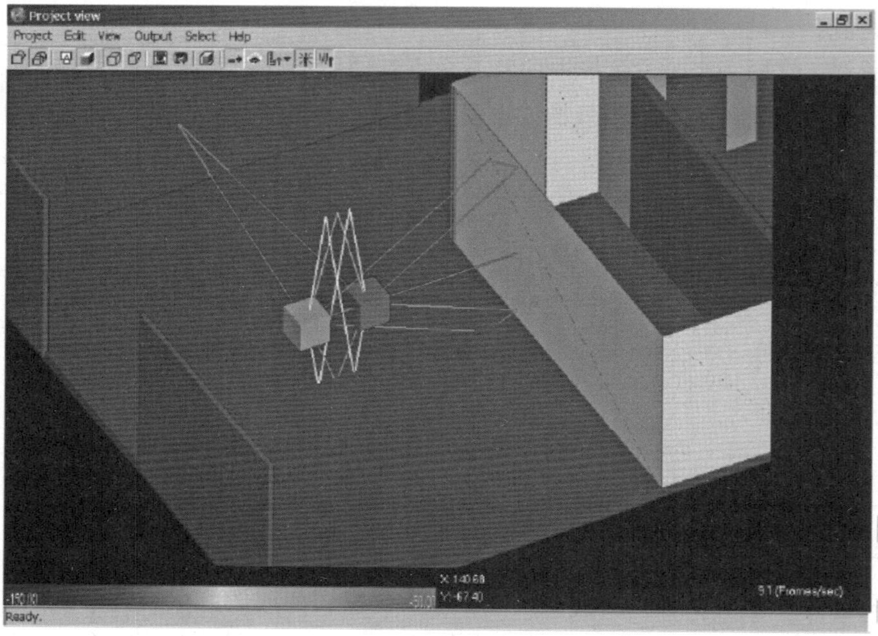

图 4-15.5 室内场景仿真示例

对于城区、野外环境，可设置建筑物、植被、树林形式（图 4-15.6）。

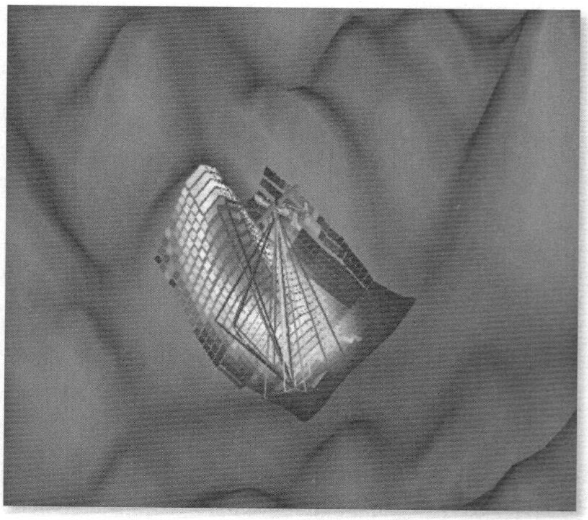

图 4-15.6 城区、野外场景仿真示例

5. 仿真结果输出

1）输出参数

仿真结果输出参数如表 4-15.4 所列。

表 4-15.4　　输出参数

序号	参数名称	单位	序号	参数名称	单位
1	接收功率	dBm	9	最强射线路径的复冲击响应	
2	路径损耗	dB	10	载干比(C/I)	
3	接收机的到达方向		11	相对每个接收机的最强发射机	
4	发射机的发射方向		12	多普勒频移	Hz
5	传播时延、平均到达时间、平均时延	s	13	功率时延特性	
6	最强射线路径的到达时间		14	电场强度-频率	
7	传播路径		15	电场强度-时间	
8	最强射线路径的电场强度和相位		16	误比特率	

2）输出格式

很多参数可以输出文本数值并同时进行绘图。以接收功率为例，以文本文件的形式(图 4-15.7)保存，同时可以实现二维绘图及三维渲染(图 4-15.8)。

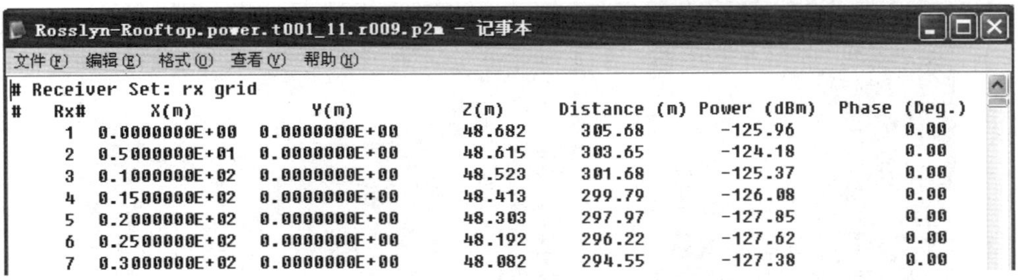
Rosslyn-Rooftop.power.t001_11.r009.p2m - 记事本
文件(F) 编辑(E) 格式(O) 查看(V) 帮助(H)

```
# Receiver Set: rx grid
#  Rx#   X(m)            Y(m)            Z(m)     Distance (m) Power (dBm)  Phase (Deg.)
   1   0.0000000E+00   0.0000000E+00   48.682   305.68      -125.96      0.00
   2   0.5000000E+01   0.0000000E+00   48.615   303.65      -124.18      0.00
   3   0.1000000E+02   0.0000000E+00   48.523   301.68      -125.37      0.00
   4   0.1500000E+02   0.0000000E+00   48.413   299.79      -126.08      0.00
   5   0.2000000E+02   0.0000000E+00   48.303   297.97      -127.85      0.00
   6   0.2500000E+02   0.0000000E+00   48.192   296.22      -127.62      0.00
   7   0.3000000E+02   0.0000000E+00   48.082   294.55      -127.38      0.00
```

图 4-15.7　接收功率文本文件

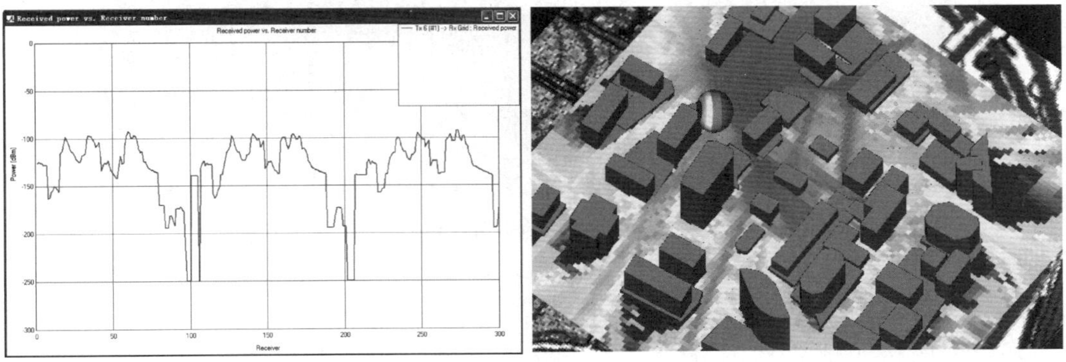

图 4-15.8　接收功率二维绘图及三维渲染效果

四、地铁车站、城市街区道路、高速公路/铁路交通环境

1. 地铁车站

地铁建设规模不断扩大，线路数量不断增加，线路长度不断延伸，两条甚至多条线路的换乘车站会越来越多，列车必然会在两条线路上跨线混跑。解决好换乘车站的无线覆盖、互联互通及跨线漫游等问题，对整个无线通信系统的通信质量、调度安全等具有非常重要的意义。与室内典型场景相比，地下车站场景(图 4-15.9)电磁波的传播还受以下因素影响：

(1) 通道走廊通常较为狭长，无线信号传播方向性较为明显。

(2) 进站口、站台处电梯、检票机、银行 ATM 机、自动售货机、立柱、人员移动、物品摆放等极易造成信号在传播过程中的衰减，电子设备产生的电磁辐射也会对无线信号产生干扰。

(3) 出入口处的台阶也会对电波传播造成很大影响。

(4) 地下车站的吊顶、墙体大量采用金属合金材料，信号不可避免地要穿过墙体传输到接收端，墙体的厚度、墙体材质以及墙体表面的装饰材料等对电波的传输都有很大影响。

地下车站无线信号传播模型可参考室内传播模型。室内典型传播模型是对数距离路径损耗模型：虽然发射天线和接收天线的距离相同，但是由于发射机和接收机所处的地理位置不同，其周围的环境也不同，因而无线电波传播所受到的影响是不一样的，接收端接收到的信号强度也是不同的，对数距离路径损耗模型可以较好地描述这种随机效应，从而保证室内短距离无线传输时对场强预测的精度。

图 4-15.9　地下车站场景

2. 城市街区道路

城市街区按照建筑物的高低疏密不同可以分为密集城市街区和普通城市街区(图 4-15.10)。密集城市街区的特点主要体现在“密集”两字上，建筑物无论是否规则排布，

相邻建筑物几乎紧邻。在密集城市街区中，建筑物密集且高度较高，对无线信号的遮挡作用较为明显，在某些区域可能会形成一些覆盖弱场。街区沿线会有各种类型的商业设施，外墙材质类型较多，可能会有钢铁骨架、玻璃幕墙等，这些在布设天线时都是需要特别关注的。另外，密集城市街区人流也很多，用户密集，会在餐饮、娱乐、购物、商务等地形成热点和干扰。

图 4-15.10　城市街区道路场景

普通城市街区与密集城市街区的差别主要体现在建筑物的密度和高度上。无论建筑物是否规则排布，普通城市街区都有较为清晰的街道或绿地将建筑物相互区分开来。在普通城市街区中，建筑物对无线信号形成的遮挡不是很强。但普通城市街区也需要考虑室外局部热点，例如小型广场、露天卖场、景区孤岛等场景，其周围环境一般较为开阔，但用户较多，需要重点考虑天线布局。

3. 高速公路/铁路

高速公路、高速铁路一般都在远离城市的野外，环境较为开阔，传播环境一般较理想（图 4-15.11 和图 4-15.12）。信号在高速公路中的移动速度为 90～120 km/h，在高速铁路中的移动速度更快，为 250～300 km/h。由于移动速度很快，多普勒效应显著，且汽车和火车金属车体的穿透损耗会影响通信质量。通常高速公路沿线无线信号传输在解决公路广覆盖的同时，能够附带提供对沿线服务站及村庄的覆盖。由于无线信号的传播环境相对良好，覆盖问题基本可以解决，但会存在越区覆盖、切换掉话等网络优化问题。

图 4-15.11　高速公路场景

图 4-15.12　高速铁路场景

五、实验内容

1. 地铁车站无线信号传输干扰分析及部署优化

1）场景调研

在实验计划指导下，开始实地调研，包括车站特定区域平面布局及设施物理尺寸、材质等。

2）地铁车站场景建模

根据采集的数据，借助专业的建模工具（如 AutoCAD 或 Wireless InSite 自带建模功能）进行建模。内容应包括轨道交通地下车站站台层和站厅层的主要设备及连接站台层、站厅层、地面层的通道设备（表 4-15.5）。

表 4-15.5　　建模内容

位置	建模对象
站台层	站台平面、站台立柱、屏蔽门、卫生间、电梯（直梯）
站厅层	站厅平面、售票室、售票机、检票机、电梯（直梯）
通道	通道、楼梯、自动扶梯

3）传输特性分析

（1）无线收发设备布设。使用 Wireless InSite 软件，在环境模型中布设接收机与发射机；设定基站相关性能参数，如天线类型、载波特性以及传播模型等。

（2）信号传输路径：可视化发送机与接收机之间的传播路径。

（3）接收信号特征分析：进行通信仿真，得出接收功率、路径损耗、传播时延、平均到达时间、平均时延等输出结果。

4）地铁车站通信网络部署

发射机布局优化，通过可视化输出场景内的接收功率图，观察其功率分布特征，调整发射机的位置和参数，使其能满足预设的接收功率要求。

2. 城市街区道路无线信号传输干扰分析及部署优化

将交通场景改变为特定城市街区道路，参考地铁车站的要求完成场景建模、传输特性分析以及网络部署优化。

3. 高速公路/铁路无线信号传输干扰分析及部署优化

将交通场景改变为高速公路或高速铁路，参考地铁车站的要求完成场景建模、传输特性分析以及网络部署优化。

六、实验步骤

1. 熟悉仿真工具

安装并启动 Wireless InSite 软件，使其正常运行，熟悉主界面的菜单和功能。

2. 地铁车站无线信号传输干扰分析及部署优化

（1）完成地下车站建模。根据调研结果，利用 AutoCAD 或 Wireless InSite 自带功能搭建车站模型，同时布设天线发射机和接收机（图 4-15.13）。

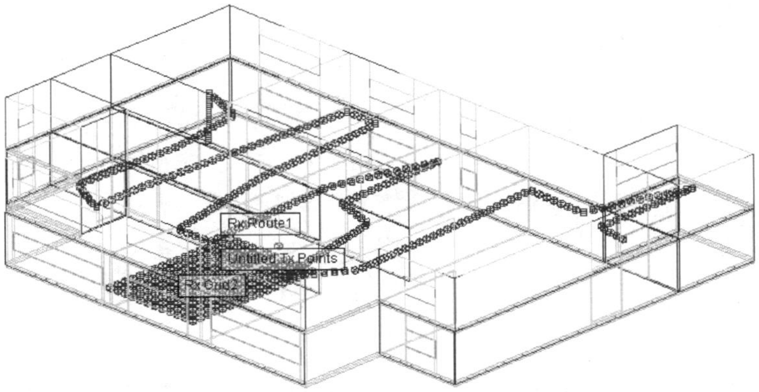

图 4-15.13　地下车站建模

（2）材料设置。在基于射线的传播模型中，材料属性决定了反射、透射和绕射系数。给地铁车站环境中的所有墙壁、门、地板、窗户等物体的材料设置参数（图 4-15.14）。

In use	Type	Description	Feature
Yes	One-layer dielec...	Concrete	HOME ONE FLOOR [Floo...
Yes	3-layer dielectric	Layered Drywall	HOME ONE FLOOR [Floo...
Yes	Free space	Freespace	HOME ONE FLOOR [Floo...
Yes	One-layer dielec...	Glass	HOME ONE FLOOR [Floo...
Yes	One-layer dielec...	Brick	HOME ONE FLOOR [Floo...
Yes	One-layer dielec...	Concrete	SECOND FLOOR [Floor ...
Yes	3-layer dielectric	Layered Drywall	SECOND FLOOR [Floor ...
Yes	Free space	Freespace	SECOND FLOOR [Floor ...
Yes	One-layer dielec...	Glass	SECOND FLOOR [Floor ...
Yes	One-layer dielec...	Brick	SECOND FLOOR [Floor ...

图 4-15.14　材料属性设置

(3) 定义波形。定义发射机和接收机使用的激励波形(接收机的激励波形和发射机的一致)(图 4-15.15 和图 4-15.16)。

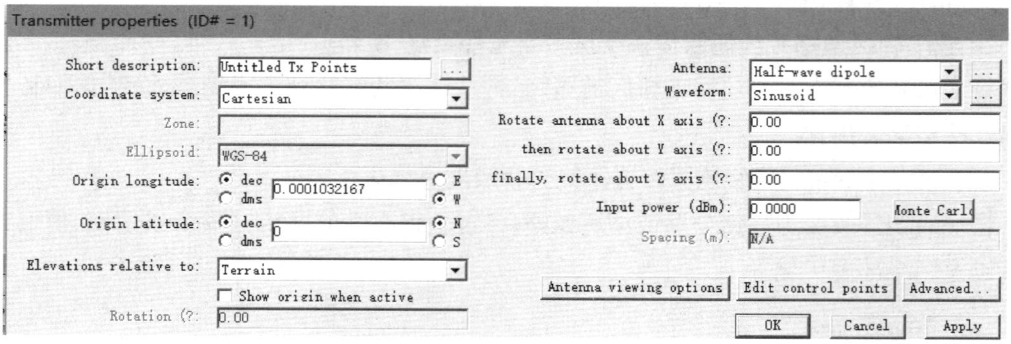

图 4-15.15　发射机激励波形设置

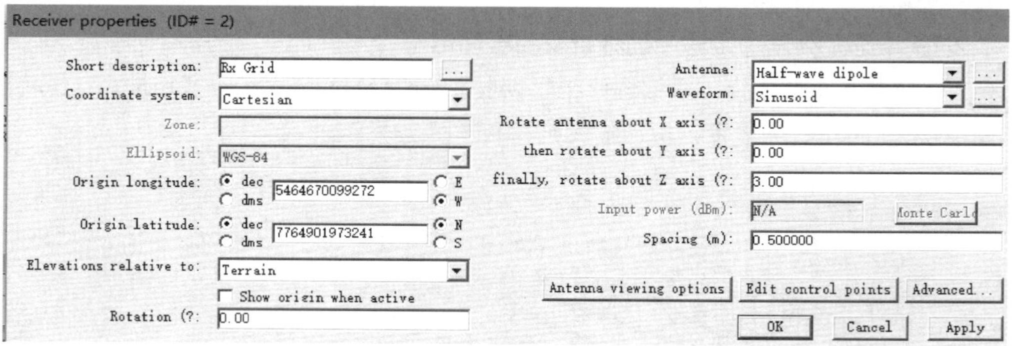

图 4-15.16　接收机激励波形设置

(4) 定义发射机和接收机的天线,包括天线类型、激励波形、极化方式、接收临界值、传输损失、电压驻波比、温度等参数(图 4-15.17)。

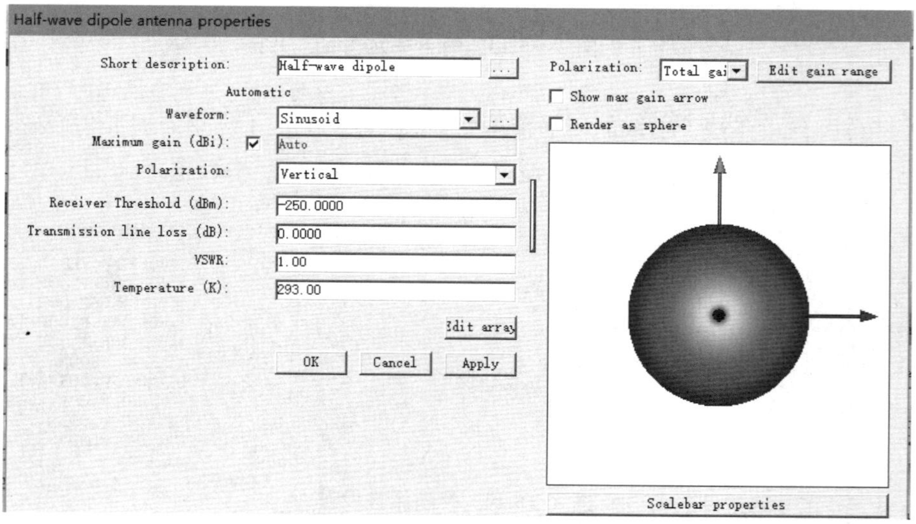

图 4-15.17　发射机和接收机的天线设置

(5) 研究区域设置。设置仿真所使用的传播模型、反射阶数、透射阶数以及绕射阶数等(图 4-15.18)。室内用 Full 3D 模型、城区用 Urban Canyon 模型、野外用 Fast 3D 模型，地下车站无线信号传播模型可参考室内模型。

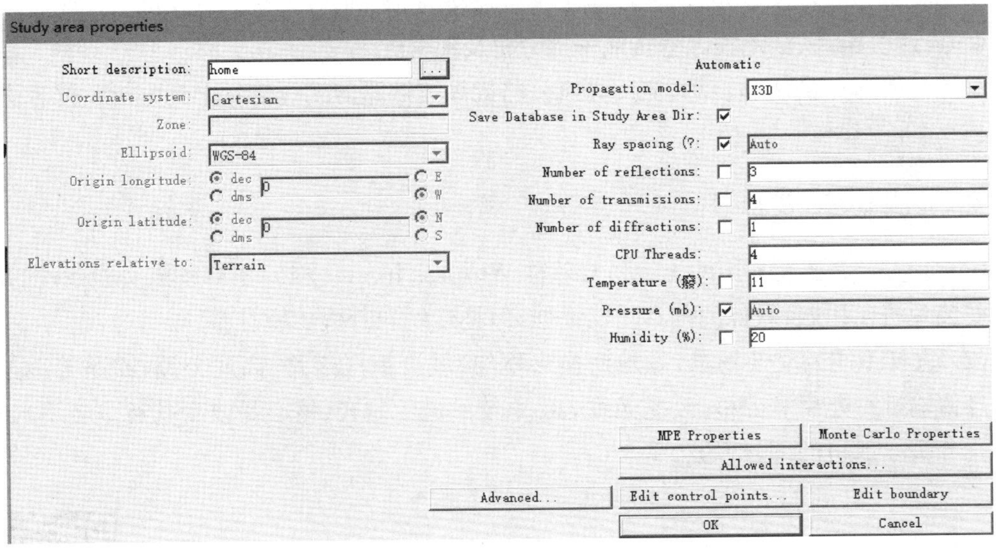

图 4-15.18　研究区域设置

(6) 仿真结果设置及可视化结果分析。实现将无线信号在环境中的传播路径可视化，进行无线信号在各类复杂环境中的无线电波传播预测和干扰分析，以及通信系统链路分析(图4-15.19)。

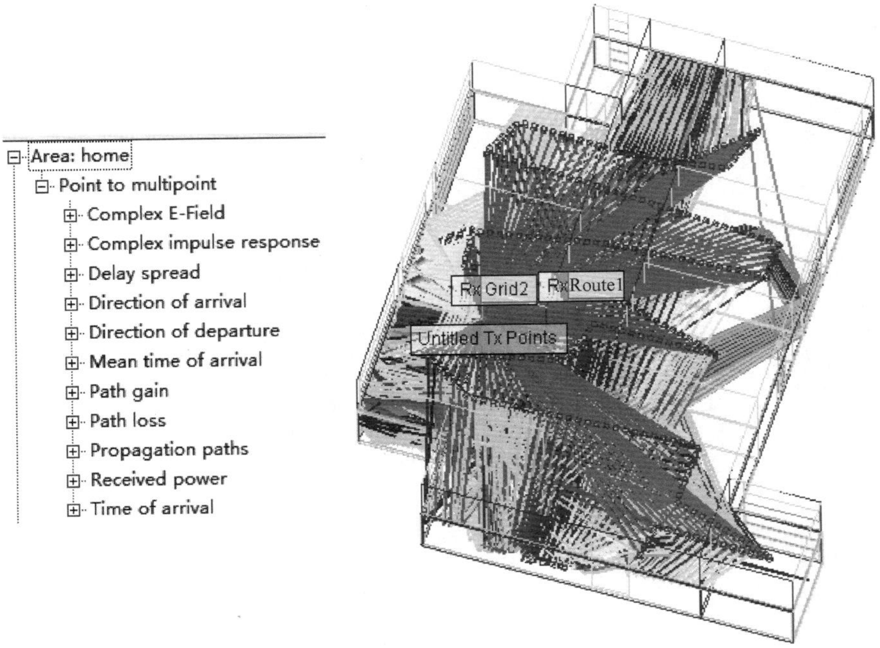

图 4-15.19　仿真结果设置及可视化分析

(7) 部署优化。调整发射机的位置和参数，进一步分析其输出结果，评估是否满足通信需求，选取优化方案。

3. 城市街区道路无线信号传输干扰分析及部署优化

参考地铁车站的实验步骤，完成城市街区道路的无线信号干扰分析及部署优化。

4. 高速公路/铁路无线信号传输干扰分析及部署优化

参考地铁车站的实验步骤，完成高速公路或高速铁路的无线信号干扰分析及部署优化。

七、说明及拓展思考

(1) 该实验需要有专用的无线仿真软件 Wireless InSite 支持，不具备该实验条件的同学可以安装免费试用版，软件的基本功能类似，但是建模和分析功能有差异。

(2) 选择不同的交通场景，如地铁换乘枢纽、城市街区道路、高速公路/铁路等，对其无线信息传输进行建模和分析，改变无线通信系统的通信制式（核心是改变其通信频率），进一步对比分析发射机的部署方案。

扫码查看实验十五
的更多信息

第二篇

智能交通系统通信网络

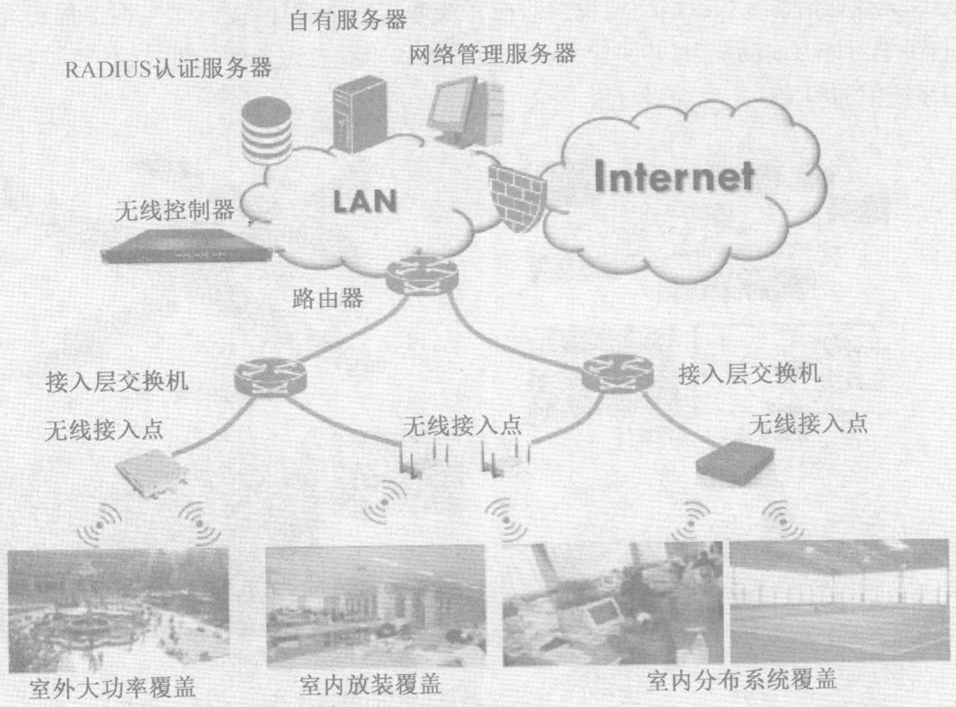

第五章
智能交通系统通信网络设计

智能交通系统(Intelligent Traffic System, ITS)是当代信息社会的产物,是在传统交通工程的基础上发展起来的新型交通系统,通过运用现代信息技术将交通四要素人、车、路、环境有机结合在一起,极大地提高了人们的出行效率、安全性和社会效益(图 5.1)。

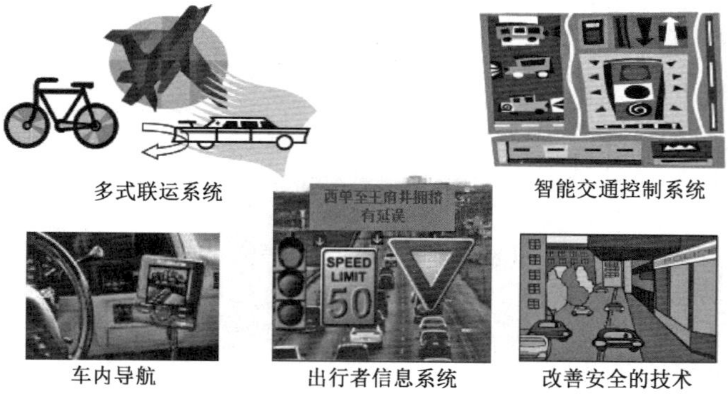

图 5.1　智能交通系统应用与服务示意

通信技术在整个智能交通系统中扮演着重要的角色(图 5.2),无论是交通枢纽、智慧园区,还是道路交通和轨道交通领域,都是智能交通系统的重要研究对象。本章通过交通枢纽 WLAN 无线通信系统和道路交通视频监控有线通信网络设计,提升学生在工程研究、工程设计、自主学习等方面的能力,并使学生从专业背景和职业意识角度出发,关注通信技术在智能交通系统中的相关应用和前沿技术。

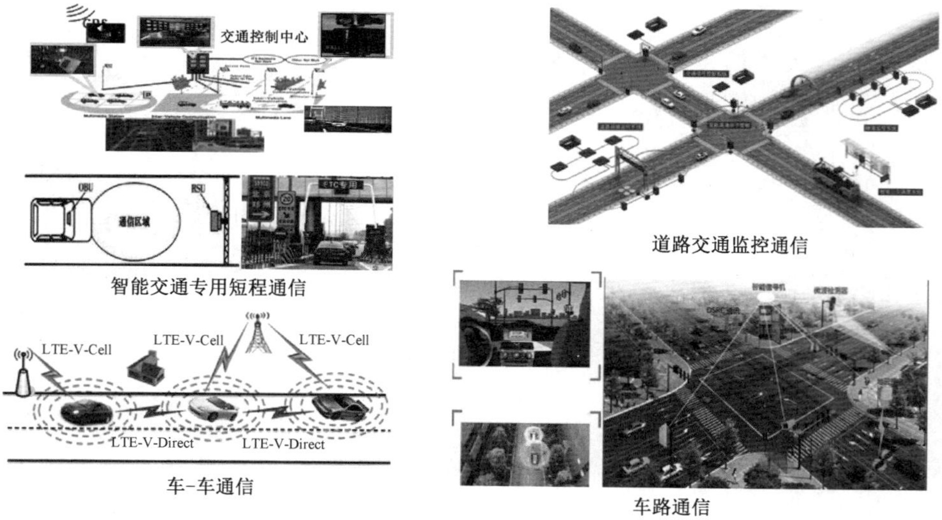

图 5.2　智能交通系统中的通信技术

实验十六　交通枢纽 WLAN 无线通信系统设计

一、实验目的及要求

通过交通枢纽 WLAN 无线通信系统设计，学生可以熟悉无线通信系统工程设计的方法、步骤和内容，加深对无线通信系统原理的理解。

（1）从专业背景出发，关注交通枢纽的交通特征、信息服务特征、信息服务体系等相关延伸内容。

（2）遵循相关标准规范。

（3）完成全部设计工作，要求分析合理、设计方案科学、计算方法正确。

（4）实验报告撰写规范、内容翔实、文字表达通顺、逻辑结构合理。

（5）绘制的布局图、系统结构图标注清晰、关系正确、布局合理美观。

二、实验设备

AutoCAD、Visio 制图软件。

三、实验原理：交通枢纽及 WLAN 无线通信系统

1. 交通枢纽

交通枢纽是城市交通系统的重要组成部分，是汇集多种交通方式、实现转运和换乘功能的综合体，通过各种交通工具共同为旅客中转服务（图 5-16.1）。交通枢纽不仅可以为居民提供出行方便、节约时间，还可以改善城市环境，带动周边地区商业、娱乐的发展。交通枢纽往往承担着城市交通集散中心的作用，实现公交、地铁、出租车等城市交通，以及航空、公路、水运等运输方式之间的换乘衔接。同时，综合交通枢纽因其集餐饮、购物、租车、酒店及旅行社预定等多样化服务于一身的特点，成为实质上的“城市核心”，即不仅仅是供旅客候车的场所，而且通过服务延伸发展成为城市重要的生活中心。

(a) 北京大兴国际机场枢纽　　(b) 上海虹桥交通枢纽

图 5-16.1　城市交通枢纽示意

交通枢纽人流、车流较大，交通方式多样，人们希望出行信息更多样、更便捷、更实时。对于交通枢纽各运营单位管理者来说，需要对各类交通枢纽信息和关联信息采用信息化的管理手段，从而实现更有效的管理，更好地为出行者服务。如何利用通信技术，为公众提供及时、有效的出行服务信息，提高交通枢纽的利用率，满足公众不断增加的出行信息需求，是交通枢纽各管理部门、运营单位、相关企业都在积极参与、探索的课题。如图 5-16.2 所示，交通枢纽综合信息服务是利用现代化的网络通信技术满足个性化交通出行信息需求的一种新型服务业务，它具有无限的想象空间和市场发展空间，其市场潜力在一些大城市已初显端倪。5G 时代的到来，为交通枢纽综合信息服务提供了良好的发展条件，方便快捷地获取交通信息将成为公众的日常行为。WLAN 作为一种广泛应用的无线通信技术，是实现交通枢纽综合信息服务稳定、可持续发展的有效通信方式之一。

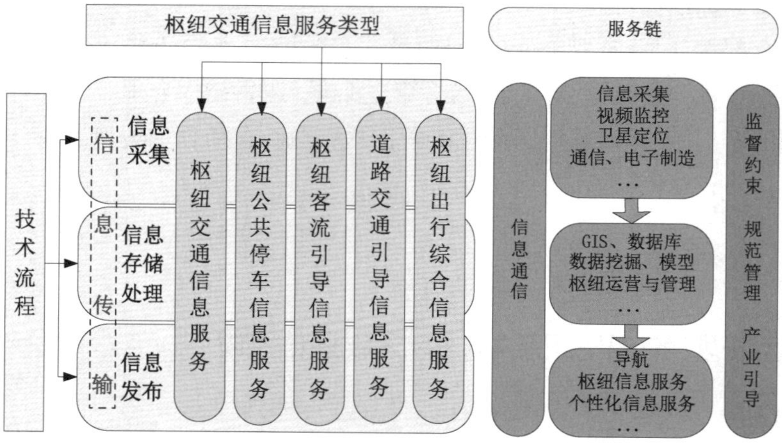

图 5-16.2　交通枢纽综合信息服务框架

2. WLAN 无线通信

WLAN 无线通信技术是计算机网络与无线通信技术相结合的产物。它利用射频(Radio Frequency，RF)技术，取代旧式的双绞线构成局域网络，提供传统有线局域网的所有功能。无线网络所需的基础设施无须再埋在地下或隐藏在墙里，并且可以按需移动或变化。WLAN 作为宽带数据网接入技术，得到了越来越多人的青睐，许多城市和地区都开展了“无线城市”建设。在交通枢纽、智慧园区、智能网联汽车、数字化办公、商业、医疗、教育、酒店、餐饮服务等众多领域，WLAN 得到了广泛应用(图 5-16.3)。

1）无线网络 Internet 接入

在现代生活中，笔记本电脑、掌上电脑、各种智能手机等的应用已十分广泛。相比传统的有线接入，通过 WLAN 接入互联网不仅节约了大量的布线成本，还可以满足办公环境变化、办公空间扩展等需求，如能够自由调整网络结构和随意增加或减少工位。由于没有线缆的限制，员工可以在不同的地方工作，并实时地接收信息。

2）无线远程接入

无线远程接入保证在外的负责人能够及时掌握信息和状态，处理相关事件并对紧急问

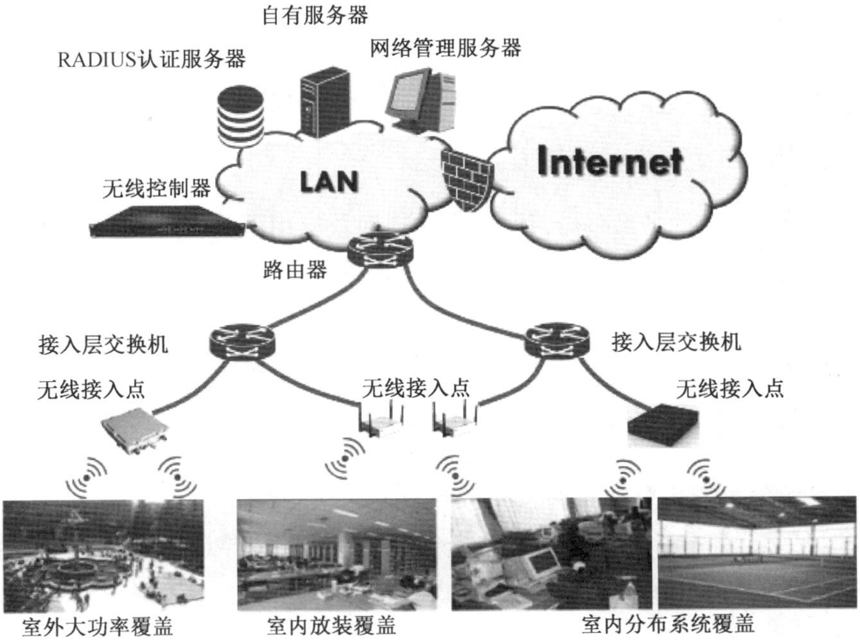

图 5-16.3　交通枢纽 WLAN 拓扑示意

题作出及时响应。WLAN 支持远程办公室解决方案，可将交通枢纽、园区或总部的办公网络扩展到远程站点或远程员工，无线远程接入点通过与互联网连接的路由器，建立一条指向企业网络的加密通道，这样远程员工就能够像在办公室里一样开展业务。

3）无线视频监控

基于 WLAN 的无线视频监控系统具有高可靠性、实时传输等特点，在快速布点、特殊场景布点方面具有一般安防系统所没有的优势。

4）公共信息通告

某些特殊的公共信息发布时，由于不能采用传统方式（如通告栏、喇叭广播等），可以借助 WLAN 来满足公众对此类信息的需求（图 5-16.4）。通过 WLAN 针对性地提供更丰富的信息，采用推送或者自主查询的传播方式，实现便捷服务、高质服务的目的。

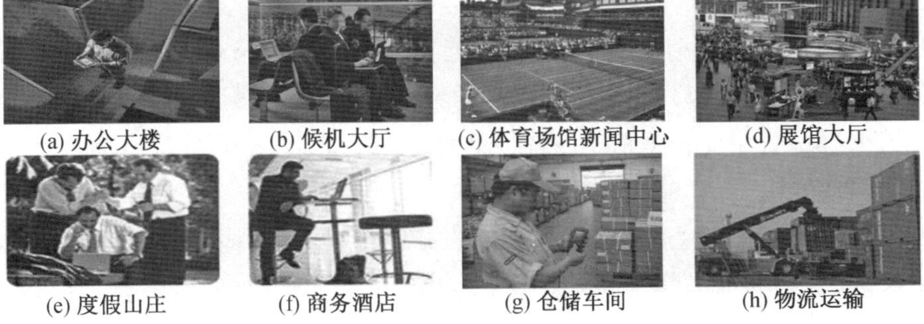

图 5-16.4　WLAN 应用场景

作为宽带接入的有效手段之一，使用 WLAN 无线通信系统的交通枢纽及其承载的业务越来越多。为了更好地构建交通枢纽 WLAN，需要了解无线网络的技术体系，熟悉构建 WLAN 的设备功能和工程设计方法、内容。

四、实验内容

结合所选交通枢纽的平面布局、环境、用户规模及应用需求，在分析的基础上给出设计方案，包括概况说明、交通枢纽环境状况、总体设计、系统设计、设备安装、供电及防雷方案、概（预）算、设计图纸等。

1. 概况说明

1）工程概况

介绍本期工程概况、背景、项目名称、设计阶段等。

2）设计依据与技术规范

（1）设计依据：列举所用设计依据，如委托、科研、相关指导意见，以及设备资料等。

（2）相关技术规范与标准：列举所涉及技术规范及标准。

3）设计范围及分工

明确设计范围及与其他专业分工界面。

2. 交通枢纽环境状况

1）建筑环境

（1）说明目标枢纽的详细地址、经纬度，说明目标枢纽周边的地理环境和建筑环境，并附上详细的卫星图。

（2）对目标枢纽内部楼宇的组成情况、建筑面积、场景类型、建筑特点及功能等作详细说明，并附上现场照片。

2）网络环境

（1）作为拟覆盖区域 Wi-Fi 建设方案的制定依据之一，包括对交通枢纽内各场景、Wi-Fi 网络环境现状的说明。

（2）描述枢纽内各场景中现有的有线网络环境。

3. 总体设计

1）总体技术指标

需列出衡量 Wi-Fi 网络质量的基本技术指标。需对 Wi-Fi 覆盖区域可接通率、Wi-Fi 覆盖信号电平、Wi-Fi 信号质量、Wi-Fi 信号的数据速率以及信号外泄等指标作出明确的规定和说明，在具体设计中应根据枢纽内各场景的建筑环境、网络环境具体确定。

2）总体网络架构

提供枢纽 Wi-Fi 的整网逻辑架构，需对 Wi-Fi 网络的基本构架进行说明。需对 Wi-Fi 网络的组网架构作出整体描述，内容需包括无线侧的接入设备（如 AP、接入设备、AC 等）、有线侧的接入设备（如 LAN 或 PON 网络等）、城域网网元情况（如 BRAS 等）。

Wi-Fi 网络通常由下至上由 AP 设备、AP 上连链路、AP 接入设备、接入设备上连链路、

AC、核心网设备等组成。因不同项目网络结构不同、AP 数量不同，AC 旁挂的位置也有所不同，Wi-Fi 网络结构应根据项目实际及需求灵活设计。图 5-16.5 为 Wi-Fi 网络结构示意图。

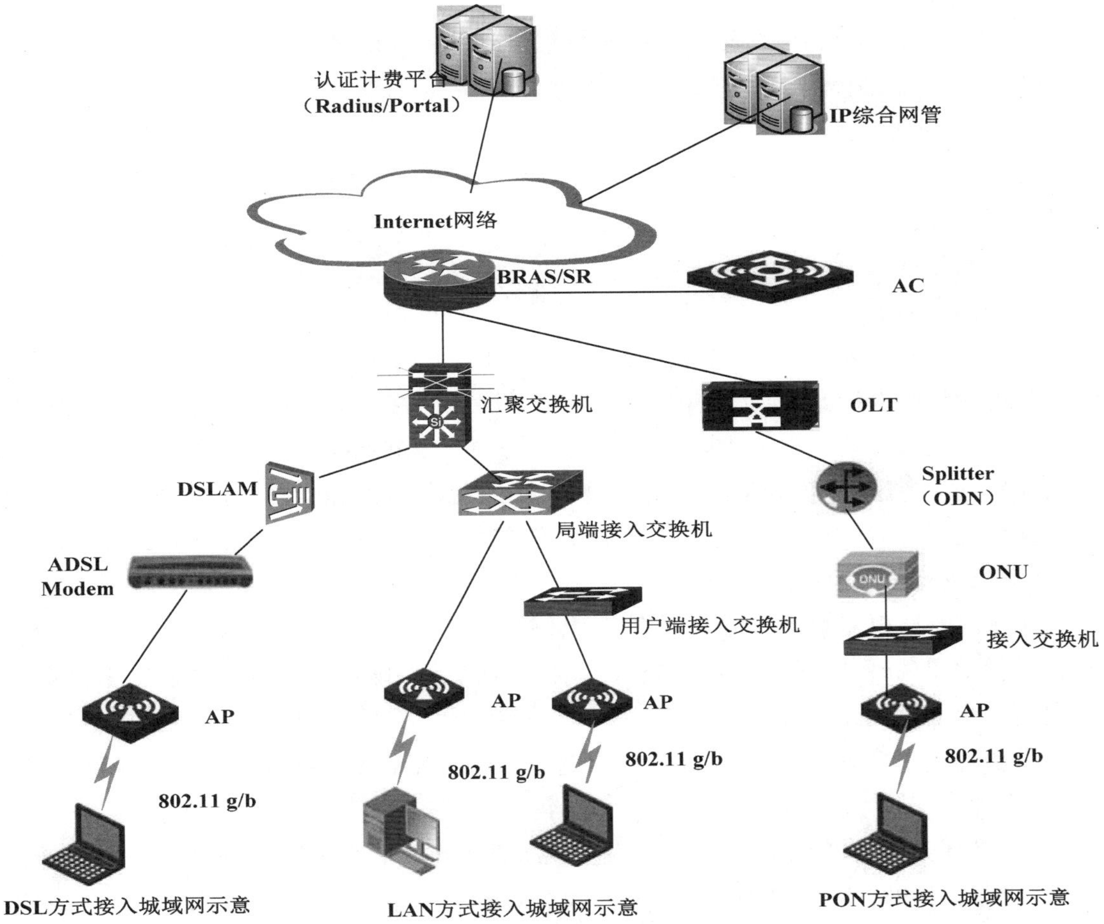

图 5-16.5 Wi-Fi 组网结构示意

根据网络系统中不同网络设备的地位和作用，对设计范围内的 AP、接入设备、AC 进行说明：

(1) AP。AP 是 Wi-Fi 业务网络的小型无线基站设备，完成 802.11x 标准的无线接入，在 AP 的建设中，采用 AP 和室分合路或 AP 直接布放的方式。AP 可采用本地供电或远程供电方式。

(2) 接入设备。AP 的上行传输方式主要有光纤+LAN、xDSL、PON 和分光器等，接入交换机、xDSL、PON 设备都作为 AP 的接入设备。

(3) AC(无线控制器)。AC 负责对 Wi-Fi 内所有 FITAP 设备进行集中监控、配置管理、参数调整，以及帮助用户完成在不同 AP 间的无缝切换。通过与认证服务器的通信来进行信息过滤。

3）链路预算

为设计中覆盖区域的自 AP 侧到终端侧的前、反向链路预算提供理论依据，需对 Wi-Fi 信号的链路预算进行整体阐述，需对本设计所采用的 Wi-Fi 信号室内外空间传播模型进行阐述，说明本设计链路预算目标、方法，并对 Wi-Fi 空间传播模型中的特有参数作出详细说明，列举出这些特殊参数的经验参考值，还要列举出 Wi-Fi 线路损耗参考值、器件损耗参考值，最后说明进行整体上、下行链路预算的必要性和计算方法。

4）频率规划

简要介绍现行几种 Wi-Fi 制式（802.11a/b/g/n）的频率、带宽、频点等情况，并对各制式的频率规划方法作出说明。

4. 系统设计

1）无线侧设计方案

描述目标覆盖区域的无线侧设计方案。通过图、表、文字的形式阐述本工程各目标区域具体的无线侧设计方案。以某高校校园 WLAN 通信网为例，根据 Wi-Fi 建设思路，对宿舍区、教学区、行政办公区、图书馆、体育馆及室外区域进行覆盖，需要描述的内容包括：对所需覆盖宿舍区域、教学区域、行政办公区域、图书馆、体育馆的楼宇及室外区域的情况进行简要说明，并就相应覆盖的设计思路、设计方案和 AP 频点设置方案进行详细叙述。

2）Wi-Fi 组网设计方案

描述该交通枢纽目标覆盖区域的有线侧建设方案，以及与有线宽带的协作思路。根据目标枢纽的现状网络数据和 Wi-Fi 总体组网思路，阐述具体的有线侧方案。适当说明新增 Wi-Fi 网络对原网络结构的影响、是新建网络还是利用原有网络、机房位置、新增设备种类及拟安装位置、AC 位置及选型等。以某高校 WLAN 通信网为例，说明如下。

（1）考虑到该校较大的数据需求，建成后的 Wi-Fi 网络流量较大，若采取常规的旁挂 BRAS 的 AC 组网方案，将对城域网造成较大的流量冲击，而且学校还有在校内 Wi-Fi 网络中开设内网的 SSID 需求，因此，本方案采取 AC 下挂 BRAS 的组网思路。另外，为了保障网络的健壮性，需同时考虑对 AC 进行冗余备份和端口备份。校园覆盖共采用 530 台瘦 AP，考虑 1+1 备份，采用 2 台 1024 接口容量的 AC，AC 上联 BRAS 采用 GE 光口，上联 BRAS 位于某端局。对于校园内开设内网 SSID 的需求，可以另外使用一条光纤，将 AC 与学校内网设备直连。具体方案如图 5-16.6 所示。

（2）由于该校目前正在进行有线宽带的 PON 改造，本次 Wi-Fi 上联承载同样采用 PON 方式。本方案采用 PON 网络承载 AP 流量，每 AP 的下行流量需求约为 $54\times0.7=37.8$ Mbps，宿舍区域建议按照 0.5 的收敛比进行承载配置，其他区域按照 0.2 的收敛比进行承载配置。

（3）由于校方暂未要求用 Wi-Fi 网络承载校园网，因此 AP 的 SSID 暂统一设置为 ChinaNet。

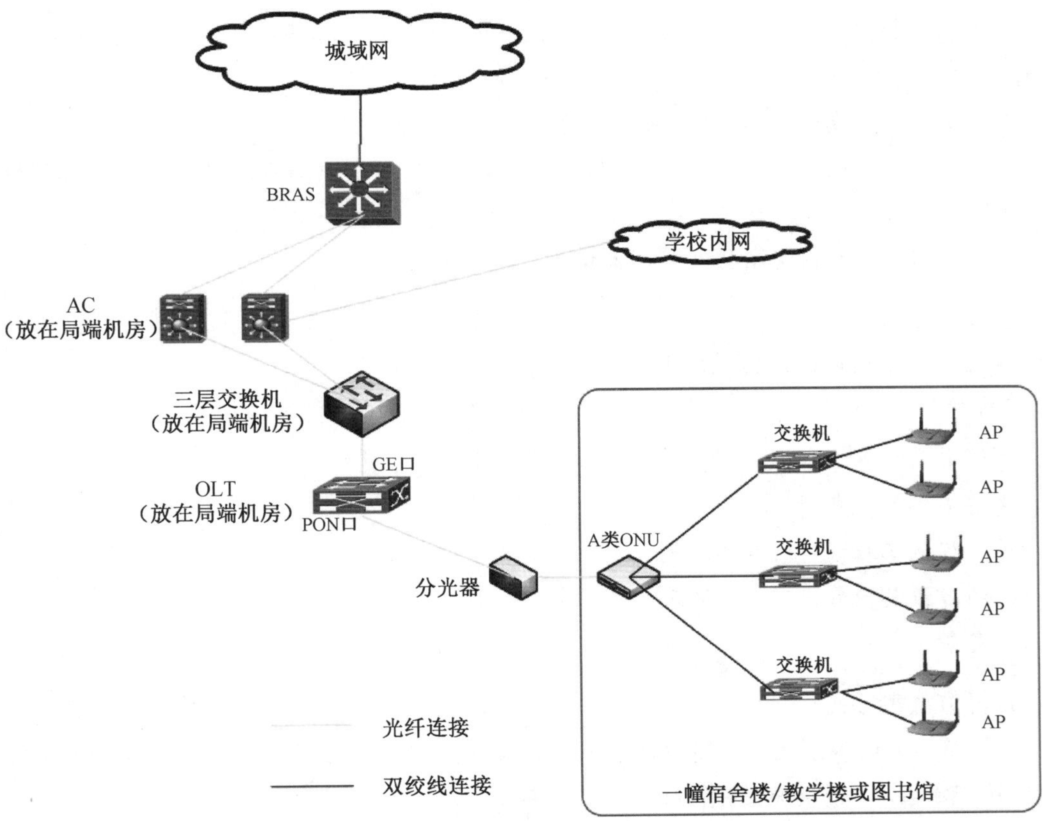

图 5-16.6　Wi-Fi 组网示意

5. 设备安装

1）有源设备安装

明确各类有源设备安装的要求和规范。

2）无源器件安装

明确各类无源器件安装的要求和规范。

3）光纤和馈线布放

明确各类缆线安装的要求和规范。

6. 供电及防雷方案

1）供电方案

对本期工程供电方案进行说明。

2）系统防雷接地方案

对本期工程防雷接地方案进行说明。

7. 概(预)算

1）概(预)算编制依据

明确本次工程概(预)算编制的依据。

[范例]

(1) 工业和信息化部2008年5月24日发布的《通信建设工程概算、预算编制办法》及相关定额。

(2) 工业和信息化部的《信息通信建设工程预算定额》(2017年版)。

(3) 国家发展计划委员会、建设部联合发布的《工程勘察设计收费标准》(2002年修订本)。

(4) 中国××公司提供的相关设备报价。

2) 概(预)算投资

描述本次工程概(预)算结果。

[范例]

本预算为××工程初步设计阶段预算，本工程预算总额为×××元，其中包含

需要安装的设备费：×××元

建筑安装工程费： ×××元

工程建设其他费： ×××元

预备费： ×××元

计算方法参考：

(1) 概算依据国家建设项目投资估算的有关规定编制，遵循“符合规范、结合实际、经济合理、不重不漏、计算正确”的指导原则。

(2) 设备的运杂费包含在设备费中，不另单列。

(3) 需要安装的设备费包括网络设备、计算机设备、安全产品、系统软件、监控设备等对应费用。

(4) 建筑安装工程费按照设备费总额的4%计算。

(5) 工程建设其他费包括设计费、监理费、招投标管理费、培训费等，按照建筑安装工程费的1.5%计算。

(6) 预备费按建筑安装工程费与工程建设其他费总和的2%计算。

3) 概(预)算表格(略)

8. 设计图纸

设计过程中涉及的系统结构图、平面布局图、点位图、通信电缆径路图、设备安装图等。

五、实验步骤

(1) 选定研究对象，制订实验计划。根据实验要求，确定合适的交通枢纽作为实验对象，制订实验方案，拟订实验步骤。

(2) 调查、收集交通枢纽平面布局图及卫星图。调查、收集目标交通枢纽的地理位置、周边整体建筑环境等基础信息，设计、绘制交通枢纽平面布局图，对各区域楼宇的场景类型、建筑功能等作详细说明，并附上详细的卫星图。

（3）需求分析。交通枢纽现有网络环境、建筑环境、业务应用分析。

（4）总体设计。明确总体设计架构及其技术指标。

（5）详细设计。详细设计包括无线侧方案、Wi-Fi 组网方案及其设备技术指标等。

（6）设备安装及防雷供电方案说明。明确相关规范及其技术要求。

（7）工程量清单及其概（预）算。具体内容包括编制依据及其概（预）算结果。

扫码查看实验十六
的更多信息

实验十七　道路交通视频监控系统有线通信网络设计

一、实验目的及要求

通过道路交通视频监控系统有线通信网络设计，学生可以系统了解、掌握各类有线通信系统的技术原理、功能特点、技术特点及工程设计方法、步骤和内容。

(1) 遵循相关标准规范。

(2) 需求分析合理，完成全部设计工作，设计方案科学，计算方法正确。

(3) 方案设计应有技术比选，说明优缺点并给出选型结论。

(4) 实验报告撰写规范、内容翔实、文字表达通顺、逻辑结构合理。

(5) 绘制的布局图、系统结构图标注清晰、关系正确、布局合理美观。

二、实验设备

AutoCAD、Visio 制图软件。

三、实验原理：道路交通视频监控系统

道路交通监控是智能交通指挥中心功能构成的核心部分，它包含了城市道路交通管理的多项功能，例如交通信号控制、道路交通视频监控、电子警察、智能卡口等。道路交通视频监控通过在主要路段和交叉口安装视频监视器(图 5-17.1)，可以在交通指挥中心实时监视道路交通状况，为后续处理提供直接视频信息；利用监控信息，可以方便、快速、准确地调动警力，及时处理现场，为快速疏导交通创造条件；通过与电子警察、智能卡口相结合，可以对交通状况进行监测、分析，保障其安全、通畅，同时也可以服务于社会综合治安防范，以便对突发性事件作出及时、快速的反应。

图 5-17.1　城市道路交通视频监控应用场景

道路交通视频监控系统主要由前端设备、传输设备、中心控制设备、显示设备、视频传输设备、记录设备等组成。前端设备将视频图像以各种方式(光纤、专线等)传送至交通指挥中心,中心根据需要进行信息的存储、处理和发布,便于交通指挥管理人员对交通违章、交通堵塞、交通事故及其他突发事件作出及时、准确的判断,并相应调整各项系统控制参数与指挥调度策略(图 5-17.2)。通过对视频图像进行数字化编码与压缩,局域网乃至广域网内的授权用户终端可实现对数据和图像资源的调用,以及对前端设备的实时控制,实现网络用户的监视、切换和控制功能。

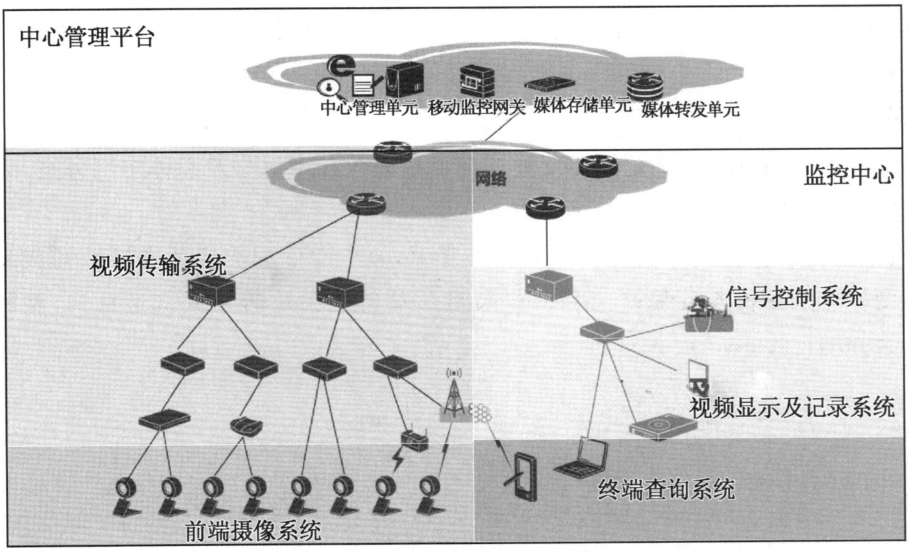

图 5-17.2　道路交通视频监控系统网络拓扑示意

四、实验内容

结合选定的道路及应用需求,在分析的基础上给出设计方案,设计内容如下。

1. 概况说明

1) 工程概况

介绍本期工程概况、背景、项目名称、设计阶段等。

2) 设计依据与技术规范

(1) 设计依据:列举所用设计依据,如委托、科研、相关指导意见,以及设备资料等。

(2) 相关技术规范与标准:列举所涉及技术规范及标准。

3) 设计范围及分工

明确设计范围及与其他专业分工界面。

2. 需求分析

了解道路交通视频监控系统应用现状及发展趋势。在此基础上,对本实验中道路视频监控系统的业务功能、系统功能、信息量、通信网络、性能和通信安全等进行需求分析。

[范例]

1）监控前端设备接入通信需求

视频设备接入线路应满足视频流数据传输需求，同时考虑到网络传输过程中的开销，建议130万像素高清网络摄像机应提供4 Mbps以上的接入带宽，200万像素高清网络摄像机应提供8 Mbps以上的接入带宽。若每个路口5路高清视频（码流4 Mbps），所需的数据传输带宽为4（视频格式的比特率）×5（摄像机的路数）=20 Mbps（上行带宽）。

2）监控中心通信需求

路口实况视频调用中指令下发和事件推动等数据传输需要占用实际净带宽估算参考如下：按最多并发调用30路高清视频、每路4 Mbps码流估算，所需带宽为 30×4=120 Mbps。

3. 总体设计

在需求分析的基础上，确定道路交通视频监控系统技术选型及总体组网方案。

[范例]

传输网络系统主要作用是接入各类硬件资源，为中心管理平台的各项应用提供基础保障，能够更好地服务于各类用户。本工程采用三层网络架构的计算机通信网，拓扑关系如图5-17.3所示。

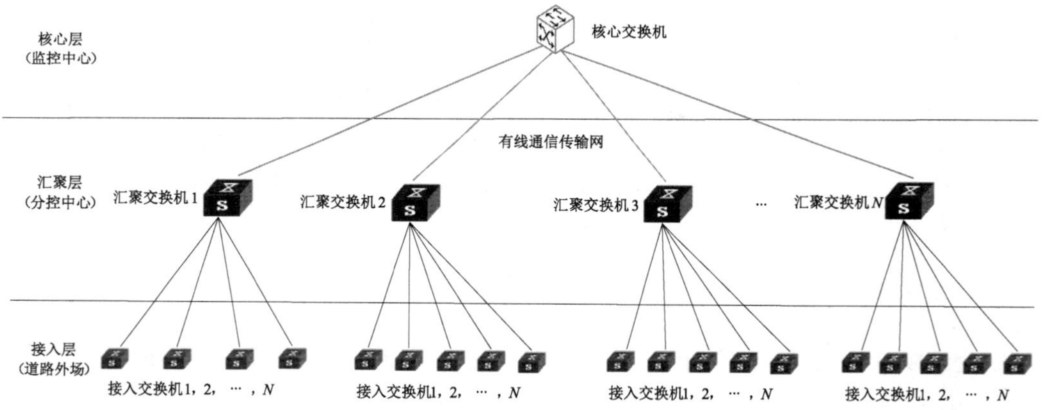

图5-17.3　道路交通视频监控系统通信网组网架构拓扑示意

（1）核心层。核心层主要设备是核心交换机，位于监控中心。作为整个网络项目的"大脑"，核心交换机的配置性能较高。

（2）汇聚层。汇聚层位于分控中心，主要设备是汇聚交换机。

（3）接入层。接入层位于道路沿线，完成前端设备的接入。前端网络采用独立的IP地址网段，完成对前端设备的互联。前端设备资源通过传输网络接入汇聚层进行汇聚。

4. 通信系统方案设计

1）监控前端接入通信方案

根据需求分析、技术选型、总体组网架构，描述监控前端接入通信方案设计，通过图、表、文字的形式阐述具体接入通信方案，包括网络架构及其通信设备技术要求等。

2）监控前端通信设备布点设计

确定布点原则，根据布点原则在图纸上标注通信设备点位以及通信线缆路径。

[范例]

通信接入机箱的布设原则为每个道路交叉口的每台机箱内设置 1 台通信接入交换机。

3）监控中心通信网络方案

根据需求分析、技术选型及总体组网架构，描述监控中心通信网络方案设计，通过图、表、文字的形式阐述具体通信网络方案，包括网络结构及其通信设备技术要求等。

[范例]

(1) 监控中心网络采用计算机网络系统组网，所有服务器设备以主干交换机为核心，以星形拓扑结构进行连接，主干交换机连接分支交换机及计算机系统的重要设备，其他设备则通过分支交换机接入主干交换机。

(2) 平台所有的数据都要通过网络核心交换机进行数据交换，一旦核心交换机发生硬件故障，整个平台将停止运行，产生无法提供应用的严重后果。所以本工程拟配置两台核心交换机，其中一台作为备份核心交换机，一旦核心交换机发生硬件故障，数据流可以自动切换到备份核心交换机，从而保证平台持续稳定运行。

(3) 根据需求分析，平台中服务器等设备与核心交换机连接使用 100/1000M，桌面用户采用 100/1000M 接入分支交换机。

4）通信管线设计方案

通信管线设计方案包括通信管道、通信光缆等的具体设计方案。

[范例]

如图 5-17.4 所示，道路沿线通信光缆采用星树形无递减交接配线方式。星树形无递减交接配线方式从局端到光缆交接箱、从光缆交接箱到光缆交接箱的主干光缆纤芯无递减，配线光缆从光缆交接箱中引出。星树形无递减交接配线方式最突出的优点是主干光缆纤芯的通融性极高，能够满足不断增长的新用户需求；不同光缆交接箱中的用户可以使用主干光缆中的同一对光纤，这就充分利用了光纤宽带低耗的特性，提高了主干光缆纤芯的利用率，而

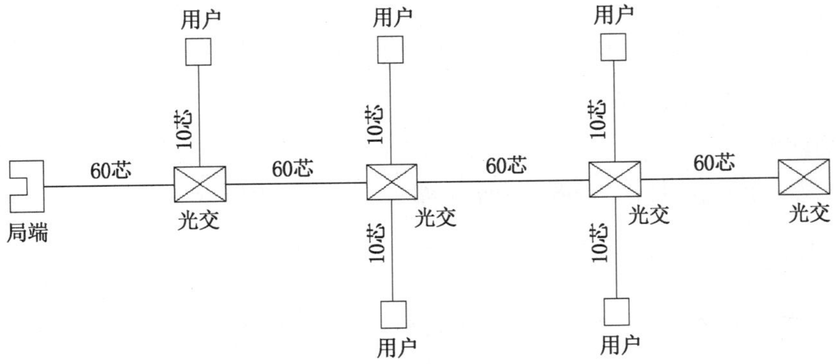

图 5-17.4　星树形无递减交接配线方式示意

且降低了用户光缆线路网的综合建设成本。此方式的缺点是可靠性差，出现障碍时无迂回路由进行补救。

5. 设备安装

明确室内外通信设备安装的技术要求和规范。

6. 供电及防雷方案

1）供电方案

对本期工程供电方案进行说明。

［范例］

外场设备供电方案：

（1）前端设备采用单相交流供电方式，标称值为 AC220V，50 Hz。系统供电质量应该满足电压传输损耗小、电压稳定、谐波分量小等要求，电压波动不大于±10%，频率变化不大于 1 Hz，波形失真率不大于 20%。在电缆传输方面，应估算设备功率和传输距离，确保所选择的电源、电缆能够满足电压、电流损耗等方面的要求。

（2）供电方式有两种：一种是集中式供电，即电源都引自一处；另一种是分布式供电，即设备在安装位置附近取电源。由于道路线路长，前端监控设备数量多，且离控制中心有一定距离，不可能采用统一的集中式供电。本工程中外场设备供电采用分散集中及就近取电的方式，即选取一些地方设置一定数量的集中供电点（汇聚点），将距离较近的多个立杆的设备电源拉到集中点。

（3）外场设备供电电缆沿基地综合管网敷设，直埋电缆需横穿基地测试道路时，可利用预埋的横穿钢管。

（4）电力电缆采用穿管敷设，电缆保护管管顶覆土厚度不小于 600 mm。

2）系统防雷接地方案

对本工程防雷接地方案进行说明。

7. 概（预）算

1）概（预）算编制依据

明确本工程概（预）算编制的依据。

2）概（预）算投资

描述本次工程概（预）算结果。

3）概（预）算表格（略）

8. 设计图纸

设计过程中涉及的系统结构图、平面布局图、布点图、通信电缆径路图、安装图等。

五、实验步骤

（1）选定研究对象，制订实验计划。根据实验要求，确定合适的实验对象，制订实验方案，拟订实验步骤。

（2）需求分析。调研道路交通视频监控新技术应用现状、发展趋势、对通信系统的需求，以及道路交通视频监控系统功能、性能、信息量和安全需求分析。

（3）总体设计。明确道路交通视频监控系统通信传输系统的技术选型及总体架构。

（4）详细设计。

① 监控点位设计。根据设计原则和思路，在选定的道路平面图上标注视频监控点位，根据监控点位确定道路外场通信接入点位。

② 组网设计。根据需求分析和布点设计，通过图、表、文字的形式阐述外场监控设备接入监控中心的通信系统组网方案、通信管线敷设方案及其主要通信设备技术要求等。

③ 设备安装及防雷供电方案说明。明确相关规范及其技术要求。

④ 工程量清单及其概（预）算，包括编制依据及其概（预）算结果。

⑤ 工程量清单。根据设计方案，给出工程量清单。

扫码查看实验十七的更多信息

第六章
智能交通系统通信网络组网

智能交通系统是利用先进的信息通信技术建立集道路、车辆、行人于一体的交通运输系统，提高交通运输系统的效率、安全性和可持续性。在整合道路、车辆、行人的过程中，通信系统起到了关键作用。没有先进的通信技术，就不可能有先进的智能交通管控中心系统（图 6.1）。

图 6.1　城市交通管理和调度指挥中心

计算机通信网络已成为一切信息系统的基础，是人们日常工作、学习和生活的重要组成部分，是现代通信系统的重要内容，更是智能交通系统（如城市 ITS 共用信息平台、出行者信息服务系统、交通控制管理系统、车辆运营管理调度系统、智能网联汽车系统等）的基础（图 6.2）。

计算机通信网络是由不同通信媒体连接的、物理上互相分开的多台计算机组成的、对数据进行传输和处理的系统（图 6.3）。计算机通信网络使用通信线路和通信设备将分布在不同地点的多台计算机系统连接在一起，各个计算机系统都遵守共同的通信协议，以实现数据通信和资源共享。本章中的计算机网络路由、交换机配置实验对理解、掌握计算机通信网络工作原理有很大帮助。

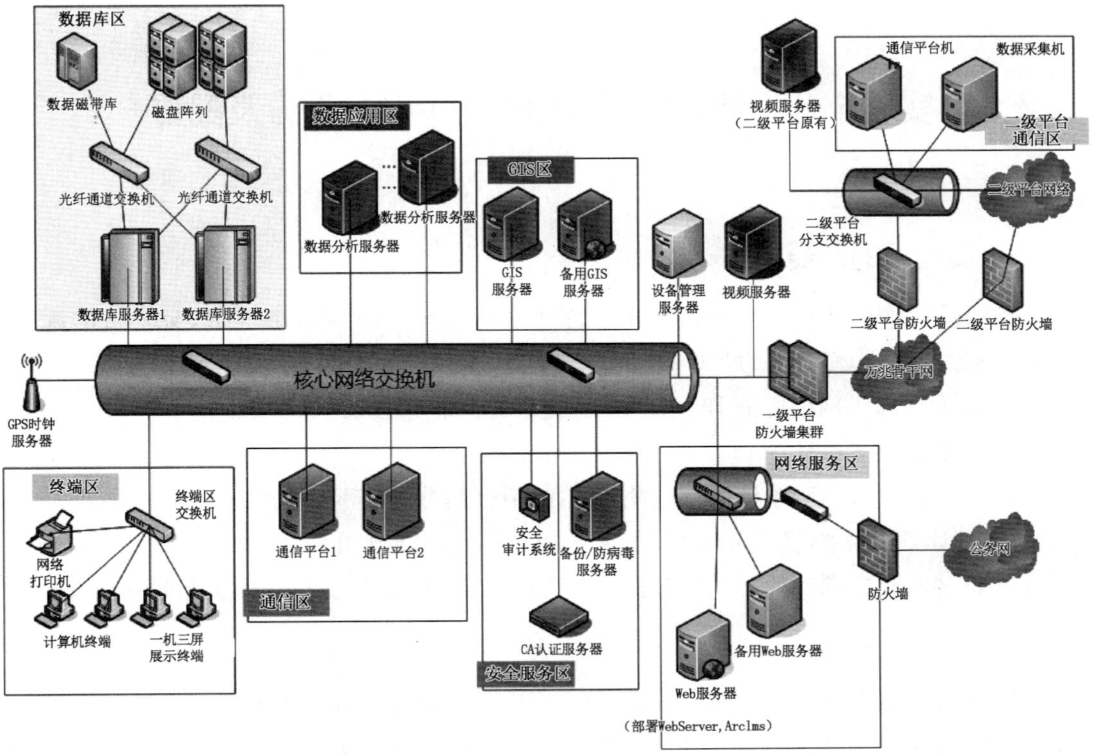

图 6.2　某智能交通综合信息平台计算机网络系统结构

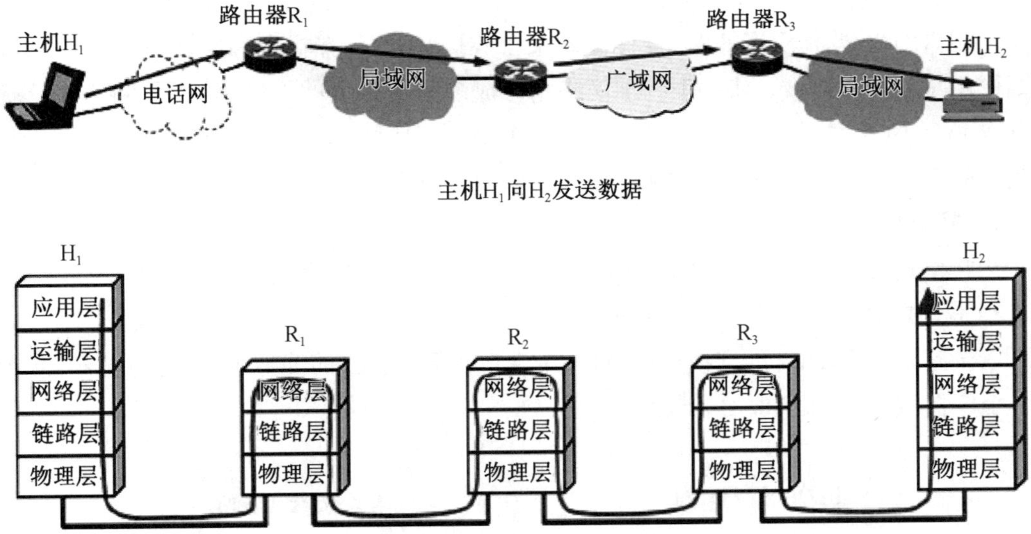

图 6.3　计算机网络通信示意

实验十八　计算机网络组网与VLAN划分及配置

一、实验目的及要求

通过实验理解二层IP交换机的工作原理和VLAN的作用，掌握IP交换机的配置、VLAN划分方法、跨交换机的VLAN配置方法及Trunk端口的概念和配置方法。

(1) 掌握计算机网络通信IP地址、子网掩码、网关等概念及基本配置。

(2) 学会利用测试命令ping检测配置的正确性。

(3) 实验配置过程和验证过程应截屏或拍照记录，作为实验报告组成部分。

(4) 根据实验内容，撰写实验报告。报告内容应包含原理介绍、过程说明和结果说明。

(5) 描述实验中遇到的问题及分析和解决过程，写出自己的见解、体会和收获。

二、实验设备

实验设备根据学校实际情况而定，可使用IP交换机设备进行组网配置，也可采用网络模拟器进行实验。本实验使用思科公司开发的Boson NetSim模拟器。

三、实验原理：VLAN

VLAN是虚拟局域网(Virtual Local Area Network)的英文缩写，是基于一个广播域的交换机端口的集合。IEEE 802.1Q标准定义了VLAN的基本概念和实现原理。VLAN的主要作用是隔离广播域。将一个物理网络划分成多个逻辑上的VLAN，可以将一个广播域划分成多个小的广播域，每个VLAN对应一个小的广播域，一个VLAN中的广播不能传播到其他的VLAN，这样可以有效地防止广播风暴的发生。

1. 共享式以太网

在共享式HUB中，所有的工作站共享同一个冲突域和广播域(图6-18.1)。

2. 没有划分VLAN的二层交换机

在没有划分VLAN的交换机中，每一个端口都拥有自己的冲突域，但所有的PC仍处于同一个广播域中(图6-18.2)。

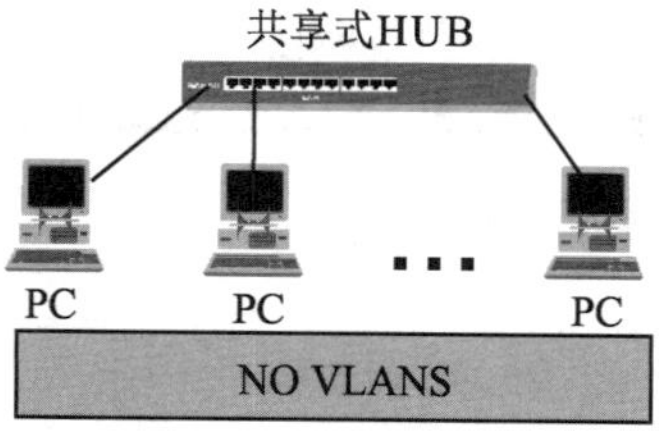

图6-18.1　共享式以太网示意

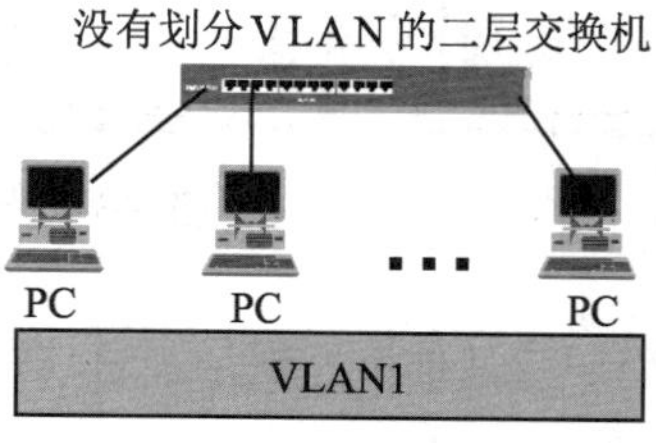

图6-18.2　未划分VLAN的交换式以太网示意

3. 划分了 VLAN 的二层交换机

划分了 VLAN 后，交换机的每一个端口拥有自己的冲突域。在这个交换机中，每个 VLAN 是一个广播域(图 6-18.3)。

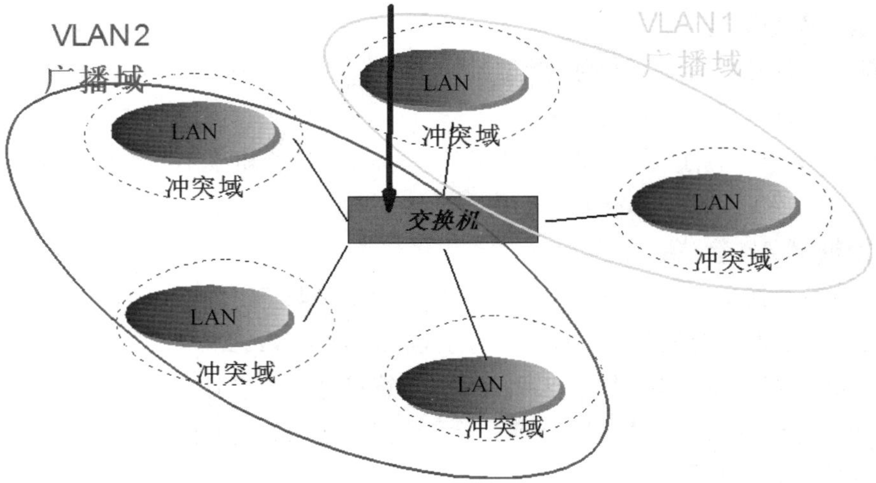

图 6-18.3　划分了 VLAN 的交换式以太网示意

VLAN 可分为基于端口的 VLAN、基于 MAC 地址的 VLAN、基于 IP 地址的 VLAN、基于 IP 子网的 VLAN、基于协议的 VLAN 和用户自定义的 VLAN。其中，最常用、最基本的是基于端口的 VLAN，它按照接收端口来确定一个数据包的 VLAN 属性。VLAN 的属性是指：当一个交换机端口接收到一个数据包时，确定这个数据包属于哪个 VLAN。通过 VLAN 可以非常灵活地将一个物理网络按照需求划分成多个逻辑子网。

四、实验内容

参考图 6-18.4 所示的组网拓扑结构，对计算机网络设备进行连线组网，规划并配置网络中计算机的 IP 地址、网关等参数。测试验证在网络中交换机未创建 VLAN 的情况下，计算机之间的连通性；测试验证在交换机上创建 VLAN 并将各计算机划入不同 VLAN 后，计算机之间的连通性；测试验证在交换机上配置 Trunk 后，计算机之间的连通性。

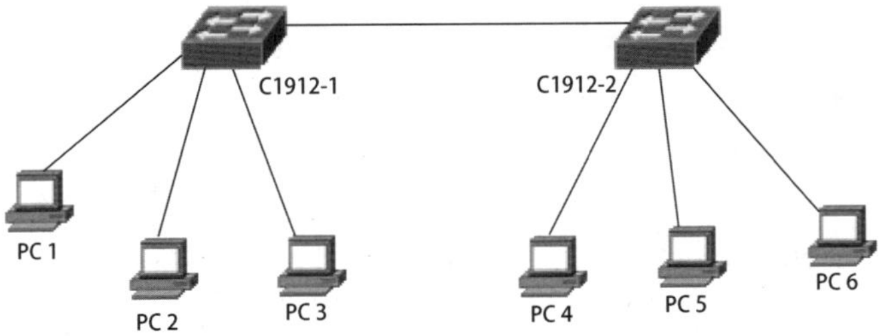

图 6-18.4　VLAN 实验网络拓扑结构

五、实验步骤

1. 组网连接

按照组网拓扑结构图连接好计算机网络设备。

2. 计算机参数配置

（1）配置各计算机为同一子网 IP 地址。

（2）配置各计算机默认网关地址。

（3）用 ping 指令验证没有创建 VLAN 时，连接相同交换机及不同交换机的计算机之间的连通性。

3. 交换机 VLAN 参数配置

（1）在两台交换机上分别创建两个 VLAN（如 VLAN2，VLAN3）。

（2）将连接在两台交换机上的计算机分别划入不同的 VLAN。

（3）用 ping 指令测试验证同一交换机上各计算机之间的连通性。

（4）用 ping 指令测试验证不同交换机上各计算机之间的连通性。

4. 交换机 Trunk 配置

（1）将连接两台交换机的端口配置为 Trunk 模式（IEEE 802.1q 协议模式）。

（2）用 ping 指令测试验证不同交换机上各计算机之间的通信状况。（提示：如果实验成功，则属于同一个 VLAN 的计算机间可通信。）

扫码查看实验十八
的更多信息

实验十九 计算机网络组网及静态路由实验

一、实验目的及要求

通过实验掌握静态路由的工作原理以及在路由器上配置静态路由的步骤、方法和指令。

(1) 掌握设备与设备之间连接线缆的方法以及端口的辨识。

(2) 掌握计算机网络通信 IP 地址、子网掩码、网关等概念及基本配置。

(3) 掌握静态路由和默认路由的配置方法、路由转发概念,读懂路由表的含义。

(4) 学会利用测试命令 ping 检测配置的正确性。

(5) 实验过程应截屏或拍照,作为实验报告组成部分,图文或照片应配以文字说明。

(6) 根据实验内容,撰写实验报告。报告内容应包含原理说明、过程说明和结果说明。

(7) 描述实验中遇到的问题及分析和解决过程,写出自己的见解、体会和收获。

二、实验设备

实验设备根据学校实际情况而定,可使用路由器、IP 交换机设备进行组网配置,也可采用网络模拟器进行实验。本实验使用思科公司开发的 Boson NetSim 模拟器。

三、实验原理:静态路由

系统管理员事先设置好的固定路径表称为静态路由表,一般在系统安装时就根据网络的配置情况预先设定,它不会随未来网络结构的改变而改变。静态路由一般适用于比较简单的网络环境。

1. 主要优点

使用静态路由的好处是网络安全性和保密性高。动态路由的路由器之间频繁地交换各自的路由表,通过对路由表的分析可以揭示网络的拓扑结构和网络地址等信息。因此,出于网络安全方面的考虑,也可以采用静态路由。此外,静态路由不会产生更新流量,不占用网络带宽。

2. 主要缺点

大型和复杂的网络环境通常不宜采用静态路由。一方面,网络管理员难以全面地了解整个网络的拓扑结构;另一方面,当网络的拓扑结构和链路状态发生变化时,路由器中的静态路由信息需要大范围地调整,这一工作的难度和复杂程度非常高。

3. 主要特点

1) 手动配置

静态路由需要管理员根据实际需要,一条条自己手动配置,路由器不会自动生成所需的静态路由。静态路由包括目标节点或目标网络的 IP 地址，还可以包括下一跳 IP 地址（通常是下一个路由器与本地路由器连接接口的 IP 地址），以及在本路由器上使用该静态路由时的数据包出接口等。

2）路由路径相对固定

因为静态路由是手动配置的、静态的，所以每个配置的静态路由在本地路由器上的路径基本上是不变的，除非管理员自己修改。另外，当网络的拓扑结构或链路的状态发生变化时，这些静态路由也不能自动修改，需要网络管理员手动修改路由表中相关的静态路由信息。

3）永久存在

因为静态路由是由管理员手动创建的，所以一旦创建完成，它会永久在路由表中存在，除非管理员自己删除它，或者静态路由中指定的出接口关闭，或者下一跳 IP 地址不可达。

4）不可通告性

静态路由信息在默认情况下是私有的，不会通告给其他路由器，也就是说，当在一个路由器上配置了某条静态路由时，它不会被通告到网络中相连的其他路由器上。但网络管理员可以通过重发布静态路由为其他动态路由，使得网络中其他路由器也可获此静态路由。

5）单向性

静态路由具有单向性，即它仅为数据提供沿着下一跳的方向进行路由，不提供反向路由。所以如果想要使源节点与目标节点或网络进行双向通信，就必须同时配置回程静态路由。

6）递归性

静态路由没有建立邻接关系的 Hello 包，也不会被通告给邻居路由器，所以它的下一跳是路径中其他路由器中的任意一个接口，只要能保证到达下一跳就可以了，这就是静态路由的“递归性”。

7）优先级较高

因为静态路由明确指出了到达目标网络，或者目标节点的路由路径，所以在所有同目的地址的路由中，静态路由的优先级是除“直连路由”外最高的，也就是说，如果配置了到达某一网络或某一节点的静态路由，则优先采用这条静态路由，只有当这条静态路由不可用时，才会考虑选择其他路由。

8）适用于小型网络

静态路由一般适用于比较简单的小型网络环境，因为在这样的环境中，所需配置的静态路由条目不会太多，网络管理员可以清楚地了解网络的拓扑结构，从而设置正确的路由信息。如果网络规模较大，拓扑结构比较复杂，则不宜采用静态路由，因为这样的配置工作量实在太大。

四、实验内容

参考如图 6-19.1 所示的拓扑结构，对计算机网络设备进行连线组网，规划并配置不同子网路由器接口参数、PC 的 IP 地址、网关。在没有配置静态路由的状态下测试不同子网 PC 设备的连通性。配置静态路由信息后，测试不同子网 PC 设备的网络连通性。

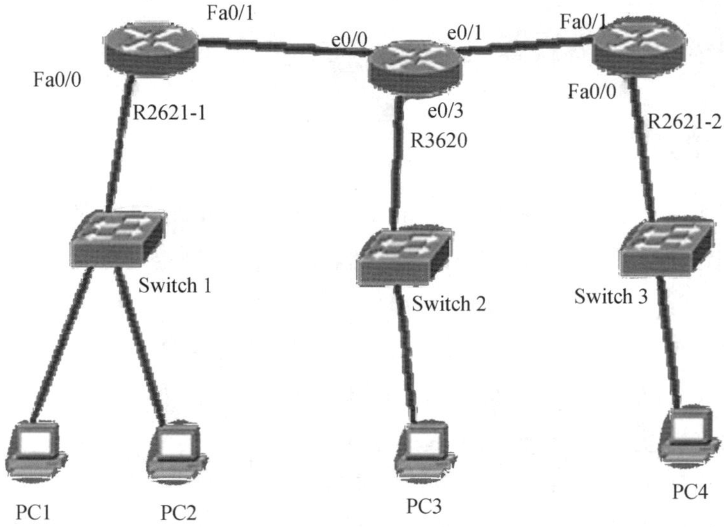

图 6-19.1　静态路由实验网络拓扑结构

五、实验步骤

（1）用网络设备或网络模拟器搭建拥有不少于三个子网的网络拓扑结构。

（2）规划、设计不同子网设备的 IP 地址、子网掩码、网关及静态路由等参数。

（3）不配置静态路由表，仅配置路由器基本参数和终端设备 IP 地址、子网掩码、网关等参数，验证连通情况。

（4）根据设计好的参数，对各子网路由器和终端进行 IP 地址、端口和静态路由等参数的设置，验证不同子网间设备的连通性。

扫码查看实验十九
的更多信息

实验二十　计算机网络组网及动态路由 RIP 实验

一、实验目的及要求

通过动态路由 RIP(Routing Information Protocols，路由信息协议)实验，学生进一步理解计算机通信网络工作原理，掌握 RIP 工作机制及其配置过程和方法，为学习其他动态路由协议打下基础。

(1) 掌握设备与设备之间连接线缆的方法以及端口的辨识。

(2) 掌握计算机网络通信 IP 地址、子网掩码、网关等概念及基本配置。

(3) 掌握 RIP 配置方法，读懂路由表的含义。

(4) 学会利用测试命令 ping 检测配置的正确性。

(5) 实验过程应截屏或拍照，作为实验报告组成部分，图文或照片应配以文字说明。

(6) 根据实验内容，撰写实验报告。报告内容应包含原理说明、过程说明和结果说明。

(7) 描述实验中遇到的问题及分析、解决过程，写出自己的见解、体会和收获。

二、实验设备

实验设备根据学校实际情况而定，可使用路由器、交换机设备进行组网配置，也可采用网络模拟器进行实验。本实验使用思科公司开发的 Boson NetSim 模拟器。

三、实验原理：动态路由 RIP

动态路由协议通过路由信息的交换生成并维护转发引擎所需的路由表。当网络拓扑结构改变时动态路由协议可以自动更新路由表，并负责决定数据传输最佳路径。在动态路由中，管理员不再需要像静态路由那样，手动对路由器上的路由表进行维护，而是在每台路由器上运行一个路由协议。这个路由协议会根据路由器上的接口配置(如 IP 地址配置)及所连接的链路的状态，生成路由表中的路由表项。

RIP 是使用最广泛的距离向量协议，相邻的路由器之间互相交换整个路由表，并进行矢量叠加，最后学习到整个路由表。RIP 的度量是基于跳数(hops count)的，每经过一台路由器，路径的跳数加一。如此一来，跳数越多，路径就越长，RIP 算法会优先选择跳数少的路径。RIP 支持的最大跳数是 15，跳数为 16 的网络被认为不可达。RIP 中路由的更新是通过定时广播实现的，接到广播的路由器将收到的信息添加至自身的路由表中。每个路由器都如此广播，最终网络上所有的路由器都会得知全部的路由信息。由于在 RIP 中大于或等于 16 的跳数被定义为无穷大(即目的网络或主机不可达)，所以 RIP 一般用于采用同类技术的中等规模的网络，如校园网及一个地区范围内的网络，RIP 并非为复杂的大型网络而设计。

RIP 有两个版本：RIPv1 和 RIPv2。RIPv1 属于有类路由协议，不支持 VLSM，以广播形式进行路由信息的更新，更新周期为 30 s；RIPv2 属于无类路由协议，支持 VLSM，以组播形式进行路由信息的更新。

四、实验内容

参考如图 6-20.1 所示拓扑结构，对计算机网络设备连线组网，规划并配置不同子网路由器接口参数、PC 的 IP 地址、网关，并在动态路由空白的状态下测试不同子网 PC 设备的连通性。配置动态路由 RIP，查看路由表更新信息，测试不同子网 PC 设备的连通性。

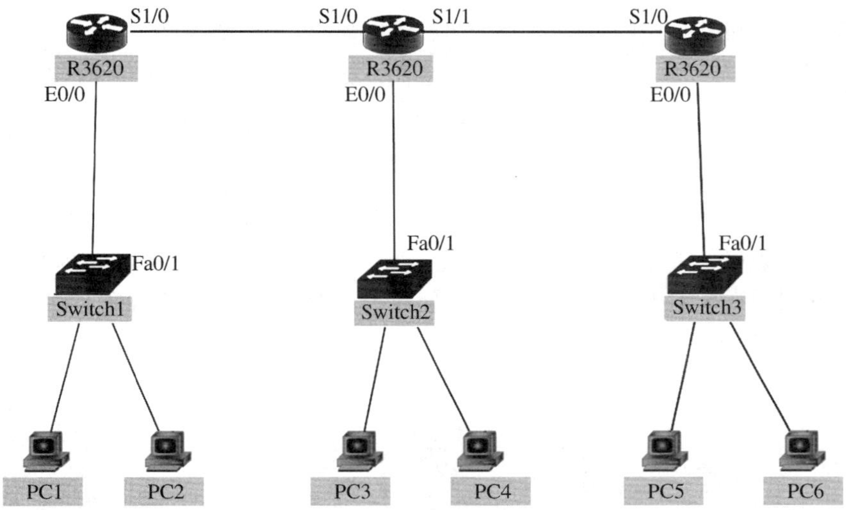

图 6-20.1　动态路由实验网络拓扑结构

五、实验步骤

(1) 参照实验拓扑结构，进行计算网络设备连接组网。

(2) 规划、设计不同子网 PC、路由器设备接口的 IP 地址、子网掩码、网关及静态路由等参数。

(3) 配置 PC 及路由器接口的 IP 地址。

(4) 配置 PC 的 IP 地址、网关，网关的 IP 地址为与之相连的路由器接口的 IP 地址。

(5) 在规划的路由器上配置 RIP。

(6) 在路由器上查看 RIP。

(7) 观察 RIP 更新情况。

(8) 验证主机之间是否可以互相通信。

扫码查看实验二十
的更多信息

第七章
智能交通系统通信网络测试分析

通信网络服务质量(Quality of Service, QoS)指网络能够利用各种基础技术为指定的通信网络提供更好服务的能力,是网络的一种安全机制,是用来解决网络延迟和阻塞等问题的一种技术。QoS 的保证对容量有限的交通通信网络特别是流多媒体应用(如 VoIP 和 IPTV 等)来说是十分重要的,因为这些应用常常需要固定的传输率,对延时比较敏感。

目前,越来越多的有线、无线通信技术被运用到交通系统中(图 7.1),交通通信网络的重要性日益突出,网络自身必须具有安全性,除了预知风险,还需要保证服务质量。计算机通信网络常用的 QoS 测量指标有丢包、时延、抖动、乱序和多包等,对于无线网络而言,测量指标还包括场强信噪比、同/邻频干扰、漫游切换及频谱干扰等。本章设计的交通通信网络测试分析实验可加深学生对有线、无线通信系统服务质量和重要性的理解,掌握网络优化方法,巩固相关理论知识。

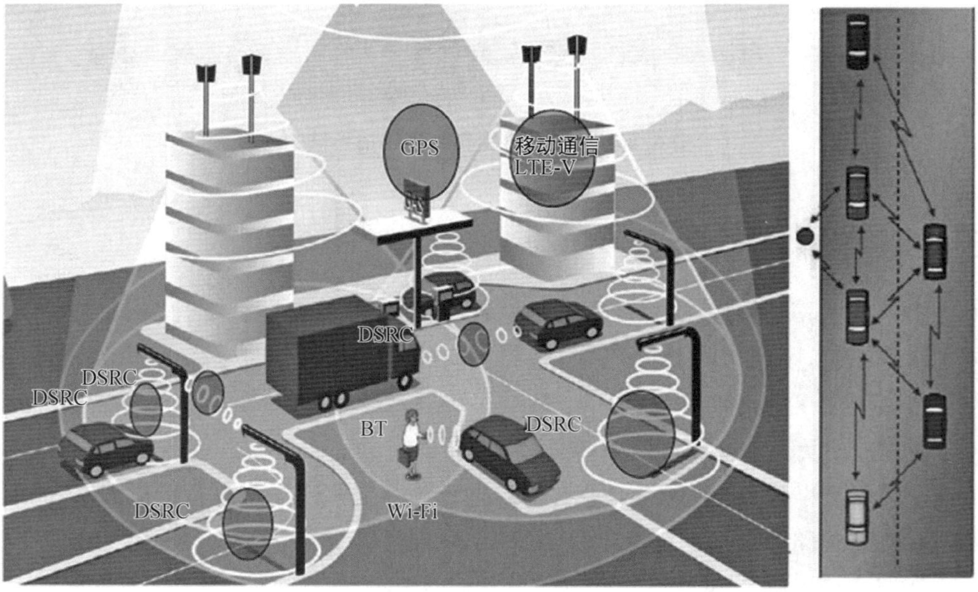

图 7.1　智能网联车通信系统组成示意

实验二十一　TCP/IP 网络协议分析

一、实验目的及要求

通过实验掌握如何利用协议分析工具分析数据链路层帧格式，网络层 IP 数据包，传输层 TCP、UDP 报文格式；观察数据发送、转发过程，理解其含义。

(1) 过程记录。抓包过程应截屏或拍照记录，作为实验报告组成部分。

(2) 数据包分析。对截屏或拍照记录的数据包进行分析和说明。

(3) 实验报告。根据实验内容，撰写实验报告，报告内容除了过程记录和分析之外，还应有实验总结和心得体会。

二、实验设备

Ethereal、Sniffer、Wireshark 等抓包软件。

三、实验原理：TCP/IP 体系

计算机网络协议有很多种，各个层次都有各自不同的协议，其中应用最为广泛的是 TCP/IP 体系。TCP/IP 是 Internet 最基本的协议。其中，应用层的主要协议有 Telnet、FTP、SMTP 等，用来接收来自传输层的数据或按不同应用要求将数据传输至传输层；传输层的主要协议有 UDP、TCP，是使用者使用平台和计算机信息网内部数据结合的通道，可以实现数据传输与数据共享；网络层的主要协议有 ICMP、IP、IGMP，主要负责网络中数据包的传送等；网络访问层，也叫网路接口层或数据链路层，主要协议有 ARP、RARP，主要功能是提供链路管理错误检测、对不同通信媒介有关信息细节问题进行有效处理等。TCP/IP 协议模型分为数据链路层、网络层、传输层和应用层(图 7-21.1)。当使用 TCP/IP 连接两个系统时，主机上的每个协议层直接与另一台主机上相应层进行通信。每层使用其自己的寻址方案：应用层使用主机名，传输层使用端口号，网络层使用 IP 地

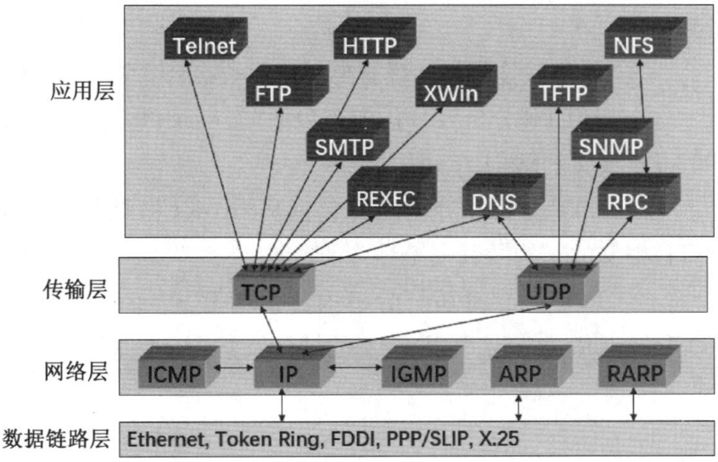

图 7-21.1　TCP/IP 协议族分层示意

址,网络接口层使用 MAC 地址。

四、实验内容

1. 捕捉本机和某 www 服务器(如 tongji.edu.cn)之间的通信

(1) 本机用 IE 访问 www 服务器。

(2) 观察并分析本机和 www 服务器之间传输的 Ethernet 帧结构、IP 数据报结构、TCP segment 结构、HTTP 报文的结构。

(3) 观察并分析本机和 www 服务器之间建立 TCP 连接时的三次握手过程。

2. 捕捉局域网上本机发出或接收的所有 FTP 包

(1) 在本机上用 FTP 客户端软件访问 FTP Server。

(2) 观察并分析本机和 FTP Server 之间传输的 Ethernet 帧结构、IP 数据报结构、TCP segment 结构。

(3) 观察并分析 FTP PDU 名称和结构。注意本机发出的 FTP request PDU 中分别以 USER 和 PASS 开头的两个 PDU,分析其包含的信息并对 Internet 的 FTP 协议的安全性作出评价。

3. 捕捉局域网上本机发出或接收的所有 POP 包

(1) 在本机上用 Outlook Express 或 Foxmail 收取邮件。

(2) 观察并分析本机和 Mail Server 之间传输的 Ethernet 帧结构、IP 数据报结构、TCP segment 结构。

(3) 观察并分析 POP3 PDU 名称和结构。分析本机发出的 POP3 request PDU 中分别以 USER 和 PASS 开头的两个 PDU,分析其包含的信息并对 Internet 的 E-mail 软件的安全性作出评价。

五、实验步骤

(1) 捕包软件下载、安装。选用并安装合适的捕包软件,如 Ethereal、Sniffer 等工具软件包。

(2) 熟悉软件使用。设置好捕包软件各项参数,熟悉操作使用方法。

(3) HTTP 分析。分析内容包括 Ethernet 帧结构、IP 数据报结构、TCP segment 结构、HTTP 报文的结构。

(4) FTP 分析。分析内容包括 Ethernet 帧结构、IP 数据报结构、TCP segment 结构、FTP 报文的结构及其安全性。

(5) POP 协议分析。分析内容包括 Ethernet 帧结构、IP 数据报结构、TCP segment 结构、POP 报文的结构及其安全性。

扫码查看实验二十一的更多信息

实验二十二　交通通信网宽带接入及业务质量测试分析

一、实验目的及要求

通过实验熟悉宽带接入业务测试分析内容及方法，加深对通信网络性能和服务质量的理解。

（1）仔细观察实验现象，完整记录所有测试数据。

（2）分析实验测试数据，通过计算、作图等数据处理方法得到分析结果，提出优化方案。

（3）实验报告撰写规范、内容翔实、文字表达通顺、逻辑结构合理。

（4）描述实验中遇到的问题及分析、解决过程，写出自己的见解、体会和收获。

二、实验设备

学校可根据实际情况选择测试软件和其他相关工具。本实验使用的是东方龙测试系统。

三、实验原理：网络测量

近年来，人们意识到有效的网络测量与分析有助于更好地理解网络结构及行为，网络测量开始得到政府、企业及学术界的普遍关注。然而，互联网规模迅速扩大、网络传输内容多样化、恶意攻击行为增多，以及对互联网的流量特征、性能特征、可靠性、安全性、网络行为模型等缺乏精确描述，严重影响互联网的发展及更有效的应用，这一切使得网络测量成为迫切需要解决的问题。目前，通常将宽带接入速率、上网浏览业务、网络视频业务、网络下载业务等测试数据作为宽带业务服务质量评价依据。实际上，网络性能测量是一项复杂烦琐的工作。在教学过程中，关于网络服务质量和性能方面的实验也比较欠缺，主要原因在于：网络性能实验涉及的测试平台、测试方法、硬件平台较为复杂；网络性能实验涉及的网络拓扑结构形式多样，技术整合度要求较高；网络性能实验分析特别是定量分析较为繁杂。

就网络测量而言，其分类的标准有很多种。按测量方式，可以分为主动测量和被动测量；按测量点的多少，可以分为单点测量和多点测量；按测量内容，可以分为拓扑测量、性能测量和流量测量；按测量点所在层次，可以分为网络层测量和应用层测量；按测量者是否知情，可以分为协作式和非协作式；按测量所采用的协议，可以分为基于 BGP、基于 TCP/IP 和基于 SNMP。主动测量指由测量用户主动发起测量，将探测分组注入网络，根据测量数据流的传送情况来分析网络的性能。被动测量是从网络中的某一点收集流量信息，如通过交换机、路由器或一个单独的设备被动地监听网络链路上的流量来收集数据，分析流量，获知网络的性能状况。被动测量在网络上不产生附加流量，不会对网络性能产生影响。网络拓扑测量主要是了解网络拓扑结构，用于资源调度和流量分配。性能测量是通过监测网络端到端时延、抖动、丢包率等特性，了解网络的可达性、利用率以及网络负荷等。流量测量是对网络数据流的特性进行监测和分析，以掌握网络的流量特性，如协议的使用情况、应用的分布和用户的行为特征等。比如，Sniffer 软件是被动测量，用于测量网络流量。而 Netperf 软件作为网络性能测量工具，是主动测量，协作式，基于 TCP/IP，测量点所在的层次为网络层。

网络测量与分析的研究工作大致分为两类：一是网络测量与分析的参数研究，二是实验平台的研究。自 1996 年开始，国际互联网工程任务组(The Internet Engineering Task Force，IETF)开始对流量工程相关的领域进行跟踪，也成立了很多相关的工作组进行相关理论的研究，如 ICMP 追踪(ICMP Traceback，ITRACE)工作组，IP 性能测量(IP Performance Metrics，IPPM)工作组，互联网流量工程工作组(Internet Engineering Working Group，TEWG)，互联网统计与指标分析(Internet Statistics and Metrics Analysis，ISMA)工作组等。

网络测量不但具有广阔的工程应用前景，也有很高的学术价值，国内外许多科研机构和学术组织都在进行网络测量方面的研究，很多公司也推出各具特色的网络测量工具。涉及网络测量的研究及相应的项目部署工作方兴未艾。在城市轨道交通、道路交通等智能交通领域，为了确保智能交通系统可靠运行，通信网络测量分析也越来越受到重视，成为智能交通信息系统评价、审计的重要工作内容(图 7-22.1)。

图 7-22.1　通信网络业务质量指标

四、实验内容

为了方便开展实验，本实验可利用校园 WLAN 通信网进行。实验内容主要包括 DHCP 获取测试、Portal 页面推送成功率和时延测试、Web 接入认证成功率、无线流媒体测试、网站访问测试、E-mail 收发测试、语音对话测试、FTP 上下行速率测试，并结合测试数据对网络质量进行评价、分析等。

通过测量工具捕获测试数据，按照事先设计的计算、统计方法得出网络时延、下载速率、停顿率等参数，并结合业务应用的体验效果，进行定性、定量分析，科学评估网络的质量，分析网络服务存在的质量问题，提出优化方案。

1. 宽带接入测试

宽带接入速率：从运营商的宽带业务接入点 BRAS 到用户所在位置这一段有线链路上的信息传送速率。

2. 上网浏览业务测试

(1) 首页响应时间：用户访问某网站首页(包含 DNS 解析过程)，首页页面上所有元素在用户电脑上完全显示所需要的时间。可以通过链接百度或腾讯首页进行测试，二者分别代表了加密传输和非加密传输方式。

（2）首页下载速率：用户访问某网站首页（包含 DNS 解析过程），首页页面上所有元素都下载到用户终端上的平均下载速率。可以通过下载工具进行测试（图 7-22.2）。

图 7-22.2　宽带服务质量测试

3. 网络视频业务测试

（1）视频平均下载速率：当用户观看网络视频时，在单位时间内能够从视频网站服务器获得的平均数据量，单位时间以秒为单位，下载速率单位为 Mbit/s，即 Mbps。

（2）停顿率：停顿率等于测试时间内所发生的停顿次数（在统计时间段内，由于网络条件等原因造成的用户侧视频不能及时播放而停顿的次数）除以用户观看视频的实际时间，停顿率的单位为“次/小时”，也称为“缓冲率”。

（3）缓冲时间占比：在统计时间内，用户侧观察到的缓冲时间与总播放时间之比。

4. 网络下载业务测试

（1）峰值下载速率：用户与远端多个网站同时建立多个 TCP 连接后进行相关内容下载，每 5 s 作为一个统计时间段，将整个下载时间段内下载速率最快的 5 s 所对应的值作为峰值下载速率，单位为 Mbit/s，即 Mbps（单位统计时长定为 5 s）。

（2）可用下载速率：用户与远端多个网站同时建立多个 TCP 连接后进行相关内容下载，每 15 s 作为一个统计时间段，将整个下载时间段内下载速率最快的 15 s 所对应的值作为可用下载速率，单位为 Mbit/s，即 Mbps（单位统计时长定为 15 s）。

5. 宽带网络质量分析、评价

根据测试数据，参照工业和信息化部、运营商、行业颁布的测试标准，对宽带网络质量进行评价、分析，给出改进、优化方案。

五、实验步骤

（1）调研、收集校园网结构、组网模式、设备概况等。

（2）了解、分析校园内教学区、办公区、宿舍区、图书馆等不同区域在不同时间段内的用户数量分布及业务应用特征。

（3）在不同时间段对同一测试点位用测试系统调用不同的宽带业务系统，记录其下载速率，并分析用户数、不同功能区域、不同业务应用与下载速率之间的关系。

（4）分析测试结果，提出优化方案，撰写实验报告。

扫码查看实验二十二
的更多信息

实验二十三　智能交通系统中 WLAN 通信网 QoS 测试分析

一、实验目的

通过实地勘察、测试分析来发现实际运营的 WLAN 服务质量问题并提出优化方案，锻炼学生发现问题、分析问题和解决问题的能力，培养学生的工程实践素质。通过 WLAN 通信网的测试分析，帮助学生加深理解无线通信系统的工作原理、系统架构和网络优化方法。

二、实验设备

学校可根据实际情况选择测试软件和其他相关工具。本实验使用的是东方龙智能测试系统。

三、实验原理：智能交通系统中 WLAN 通信网及其 QoS

WLAN 是计算机网络和无线通信技术相结合的产物。与有线网络相比，无线局域网具有灵活性强、扩展能力好、部署成本较低、安装简单等优势。随着移动终端产品的不断丰富，无线网络技术日渐成熟并不断普及。目前，越来越多的城市轨道交通 CBTC 信号系统、智能交通子系统、交通枢纽、车路协同系统支持并运用 WLAN 技术来提供优质的通信服务。因此，对 WLAN 的服务质量测量分析在交通领域显得尤为重要(图 7-23.1)。

图 7-23.1　地铁隧道封闭环境下 WLAN 无线信号覆盖质量测试场景

WLAN 的 QoS 内容广泛，涉及通信网络、信息安全、业务应用等方面。本实验重点关注 WLAN 无线信号的场强、信噪比、同/邻频干扰等质量分析(图 7-23.2)，业务应用质量测量分析可参考实验二十二。

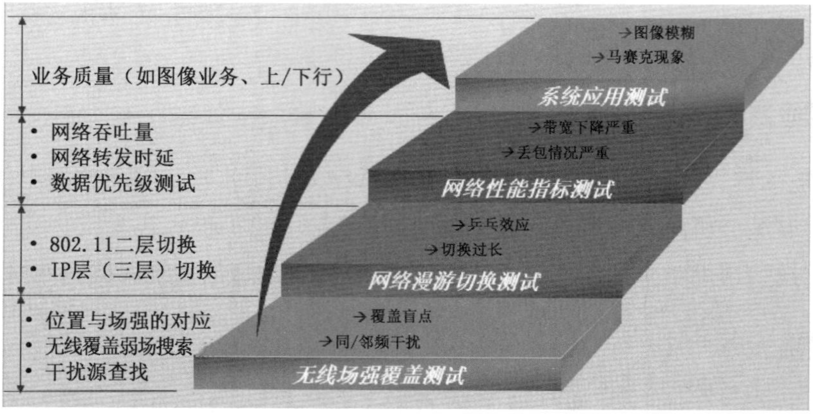

图 7-23.2　WLAN 的 QoS 测试构架

WLAN 实验环境决定了实验质量和实验效果。为了培养学生的实验兴趣和独立思考、分析的能力，考查学生对 WLAN 规划、勘察、设计方法的掌握程度，实验环境可选择实际运营 WLAN 的交通枢纽、智能交通系统、城市轨道交通线路或校园 WLAN。图 7-23.3 为典型 WLAN 组网架构示意图，无线 AP 连接至有线网络的接入交换机，无线终端通过无线 AP 接入有线网络，在核心网络经过登记、认证、授权等流程后接入上网。

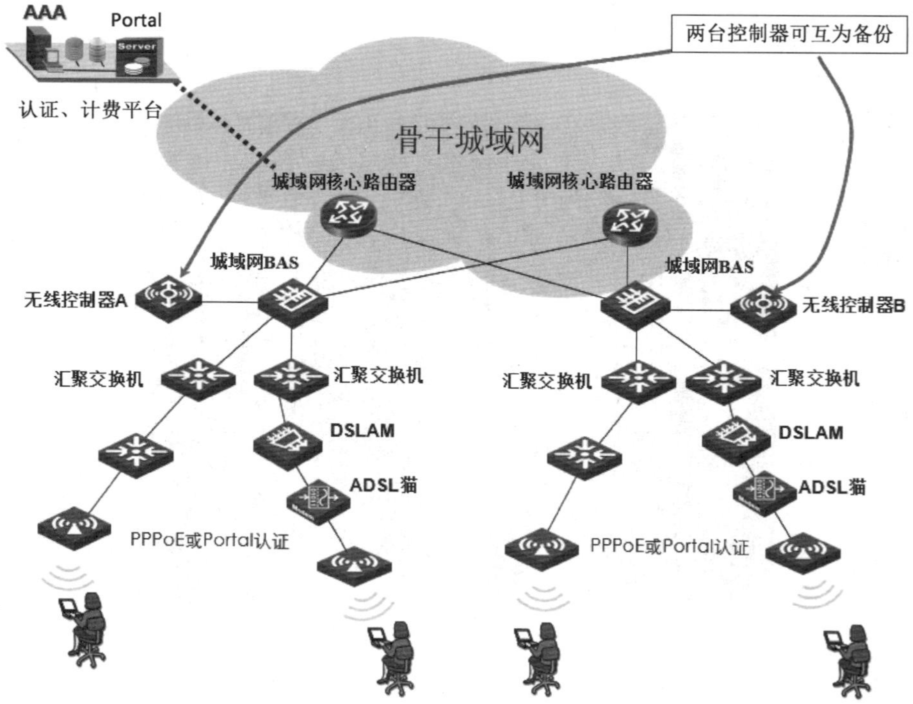

图 7-23.3　典型 WLAN 组网架构示意

四、实验内容

通过实地勘察，对 WLAN 无线信号的场强、信噪比、同/邻频干扰及网络用户漫游切换等项目进行测试(图 7-23.4)，结合具体测试数据，分析存在的问题，从 AP 布局和环境优化的角度给出网络优化方案。

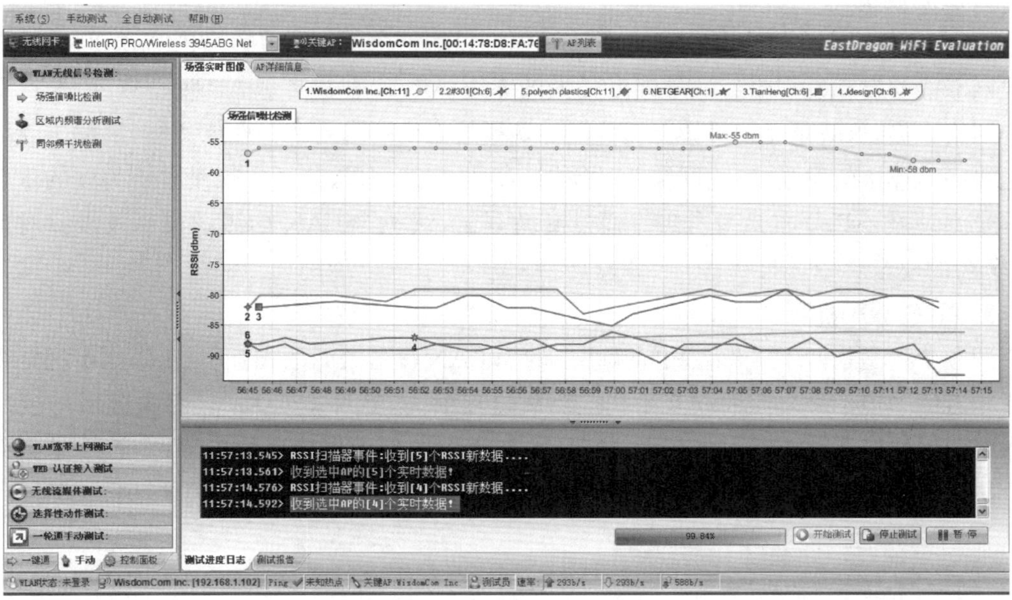

图 7-23.4　实验测试内容

1. 无线信号场强

信号强度、噪声强度、信噪比是 WLAN 测试中最重要的指标。信号强度的测试是验证信号衰减的状态，该参数是 WLAN 质量的基本参数，信号强度决定了 WLAN 站点能否上网连通、接收能力和传输速率(图 7-23.5)。

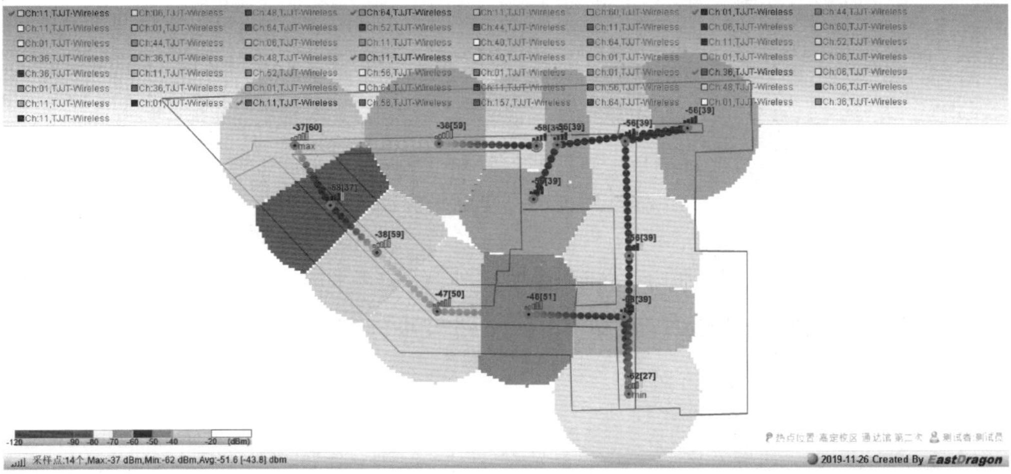

图 7-23.5　场强覆盖效果

由于 WLAN 使用的是公共频道，在这些频道中还有其他通信或工业设备，例如微波炉、手机、2.4G/5.8G 微波传输设施，这些都会给 WLAN 带来噪声，对传输造成干扰；同时，无线信号的传播还受无线 AP 发射功率、障碍物阻挡屏蔽等因素的影响。因此，在测试过程中除了记录数据，还要观察无线 AP 周边传输环境，并结合频谱图辨识干扰源，比较无干扰和有干扰的环境下用户关联上网的不同体验。

2. 漫游测试

WLAN 环境存在多个无线 AP，无线用户可以在整个无线网覆盖区内移动，移动终端的无线网卡能够自动发现附近信号强度最大的无线 AP，并通过这个 AP 收发数据，保持不间断的网络连接，这就是无线漫游。无缝漫游切换是无线网络的重要性能指标，漫游中断会造成无线网络连接的中断，影响网络业务应用。记录测试结果，分析实现漫游所需要的重叠区域信号强度及 AP 分布是否合理。通过漫游测试，熟悉 WLAN 的漫游机制及漫游对无线 AP 覆盖的要求。

3. 同/邻频干扰测试

同频干扰是指两个工作在相同频率上的 WLAN 设备之间的相互干扰，邻频干扰是指相邻或相近的频道信号之间的相互干扰。测试过程中，需要明确具体 AP 覆盖区域，并在 AP 覆盖区边缘选取测试点。对多个无线 AP 同时使用的信道进行单信道测试，查看是否有同频干扰。观察是否有无线 AP 在相邻信道上工作，查看是否有邻频干扰（图 7-23.6）。

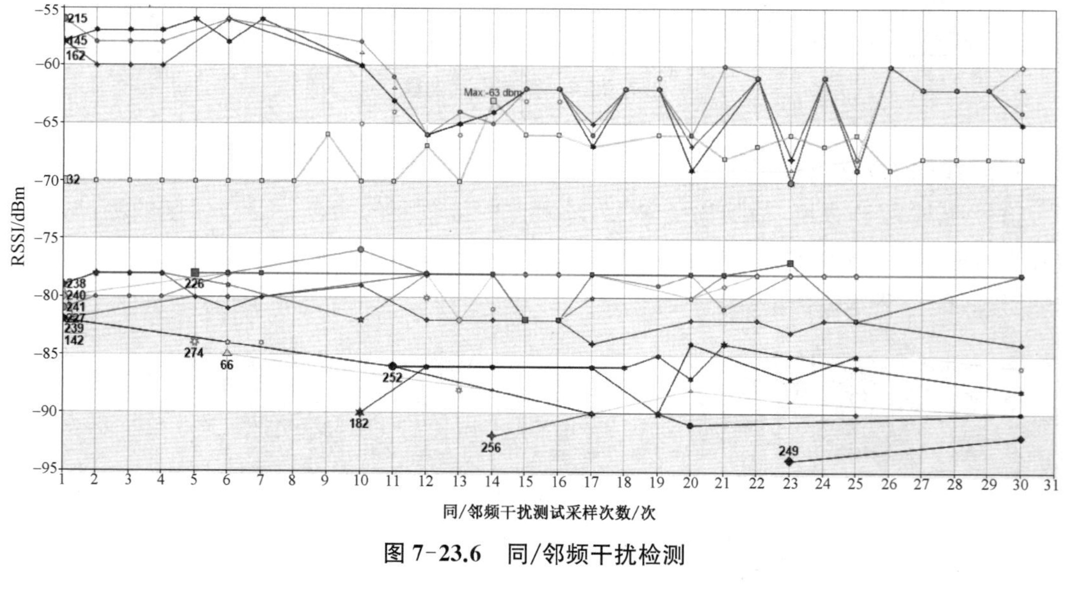

图 7-23.6　同/邻频干扰检测

实验过程中除了记录同/邻频干扰测试数据外，还应关注在干扰的情况下，用户能否正常关联网络及关联后的下载速率，最后分析得出同/邻频干扰对用户下载速率影响的规律参考值。

五、实验步骤

实验对象为实际运营的校园 WLAN，实验的流程及要求如下：

（1）调研、收集校园 WLAN 结构、组网模式、覆盖范围及设备概况等。

（2）了解所选区域测试点的覆盖情况、天线的分布情况以及建筑的地形。

（3）学会使用测试工具，可参见测试软件的使用文档。

（4）按照测试要求开展测试，当测试过程中出现异常情况或与预期目标相差甚远时，保存测试数据并了解现场环境，分析出现问题的原因。

（5）测试完成后，根据现场测试情况及数据，撰写测试、分析报告，要求描述出现的问题点、原因及优化解决方案。

（6）测试、分析报告及优化方案文档要求结构规范、逻辑合理。完成后检查报告，有不妥当之处及时改正。

当实验对象为交通枢纽、城市轨道交通线路或其他运用 WLAN 的智能交通系统时，需要跟对方相关管理部门协商，并根据对方要求制订相应的方案，经确认后方可开展实验。具体流程参照上述步骤。

扫码查看实验二十三
的更多信息

参考文献

[1] Gamal H E, Geraniotis E. Iterative multiuser detection for coded CDMA signals in AWGN and fading channels[J]. IEEE Journal on Selected Areas in Communications, 2000, 18(1): 30-41.

[2] 张树京,欧冬秀.信息传输原理[M].2 版.上海:同济大学出版社,2011.

[3] 欧冬秀.交通信息技术[M].上海:同济大学出版社,2014.

[4] 毕东生,张军飞,刘瑾,等.基于 MATLAB 的信道编码仿真[J].电脑迷,2017(15):214.

[5] 王乾.基于 MATLAB/SIMULINK 的多载波无线通信系统仿真及性能分析[D].青岛:中国海洋大学,2007.

[6] 丁鸿雁,马慧萍.基于 Matlab/Simulink 的 B 码信号产生及传输过程仿真[J].导弹试验技术,2009(1):40-42.

[7] 许可,李敏,罗鹏飞.基于 Simulink 的语音通信调制解调仿真实验[J].电气电子教学学报,2007,29(5):79-81.

[8] 程菊花,姜武.基于 MATLAB 的 PCM 调制系统的仿真与分析[J].浙江传媒学院学报,2005(3):25-27.

[9] 魏西媛,蓝洋.CRC 纠错原理及其 Matlab 仿真[J].科技信息,2008(26):407-408.

[10] 许建霞,聂明新.基于 MATLAB 的数字基带传输系统的仿真[J].武汉理工大学学报(交通科学与工程版),2005, 29(3):450-452.

[11] 付英华,许国良.基于 Simulink 的通信系统眼图测试仿真[J].电子设计工程,2017,25(4):146-149.

[12] 黄一鸣.基于 C# 的模拟串口通信的研究与应用[J].信息与电脑,2016(16):168-169.

[13] 杨明旭,陈鑫,方洋.2FSK 系统仿真模拟——基于 matlab 仿真平台的 simulink 模块仿真应用[J].工会博览,2011(7):183.

[14] 何楠.基于 MATLAB 仿真的均匀直线阵列天线信号处理研究[J].仪器仪表学报,2010,31(8):161-163.

[15] 曾永西.基于 Matlab 的对称振子天线分析[J].泉州师范学院学报(自然科学),2009,27(2):30-33.

[16] 周富相,郑晓晶.基于 MATLAB 的无线衰落信道仿真算法研究[J].河北北方学院学报(自然科学版),2010, 26(3):20-24.

[17] 谭立新,何艳丽.多径衰落信道的统计特性与仿真研究[J].计算机仿真,2010,27(7):96-98, 129.

[18] 赵明,万倩,白鹤,等.广电宽带数据网 Web 认证的性能测试研究[J].电视技术,2012,36(14):58-61.

[19] 张桂红.宽带互联网业务提供质量的评估[J].通信技术,2018, 51(3):632-636.

[20] 中国电信集团有限公司.中国电信 WLAN 系统工程设计规范:DXJS1026—2008 [EB/OL]. (2009-04-02) [2010-09-29]. https://wenku.baidu.com/view/14370a4bcf84b9d528ea7a35.html.

[21] 中国电信集团有限公司.中国电信运营级 Wi-Fi 网络建设指导意见(2011 版)[EB/OL]. (2011-08-12) [2012-03-22]. https://www.doc88.com/p-099107144691.html.